JN023361

Organizational and
Human Resource Management
to Enhance Corporate Value

石田 雅彦［著］
MASAHIKO ISHIDA

企業価値を高める
組織・
人材マネジメントの
思考と実践

一般社団法人 金融財政事情研究会

はじめに

　昨今、デジタル技術によるイノベーション（デジタルトランスフォーメーション）と、これによるさらなるグローバル化が加速化しており、この変化に対応したビジネスモデルの変革や生き残りをかけた競争が激化している。加えて、新型コロナウイルス感染症流行による大きな環境変化がある。この状況下、各企業は、企業価値の維持・向上にどう取り組んでいけばよいのか。

　筆者は、国内の銀行を振り出しにして、外資系投資銀行、外資系生命保険、国内証券、そして現在の国内生命保険と、いろいろな金融機関の優勝劣敗や買収・合併等を体験し、通算25年近く、激しい環境変化に対応する人事制度・人事運用のあり方を考えてきたつもりである。加えて、経営企画や内部監査の責任者として、企業全体の経営・リスク管理をみる立場にあったこともある。このような経験をもとにしていえば、いま、組織・人事のあり方を再検討し、打ち手を繰り出していくことが企業価値向上策の一つの解であることは間違いないであろう。

　コロナ以前から、「生産性革命」や「人づくり革命」「働き方改革」といった政策課題がうたわれているが、その背景には、IoTやAIによる技術革新（「第4次産業革命」）という大きな構造変化がある。生き残りをかけた企業の競争がますます熾烈化し、絶え間ないイノベーションが求められるなかで、「人」が行う仕事の内容も大きく変容しつつある。「人」がAIにとってかわられる仕事もある一方、「人」がAIを使って新しい付加価値を生み出し、存在感を発揮する分野も確実に存在するはずであり、AI化の進展に伴い、人材力の強化と適材適所の人材配置がいっそう大きな課題となる。

　もう一つの大きな構造変化は、少子高齢化による「人口動態の変化」である。少子高齢化、生産年齢人口の減少は、景況変化等による多少の変動はあるにせよ、将来的な人手不足の構造要因であり、女性や高齢者、外国人等の多様な働き手の拡大、働き手の価値観やニーズをふまえた多様な働き方の拡

大と長時間労働の是正が問題となっている。「人」の「数」の不足を「質」で補うという観点からも、人材力の強化と多様な人材の適材適所がますます大きな課題となっている。

「人生100年時代」「AI化」の潮流のなかで、企業で働く一人ひとりの社員にとっても、育児や介護もこなしつつ、60歳、70歳、場合によってはそれ以降まで活き活きと働くため、得意分野を見つけ、専門性や生産性を上げて、自らの「質」を高めることが課題となってきている。

以上の大きな構造変化に加えて、令和2年初から新型コロナウイルス感染症が世界的に大流行し、社会・経済に大きな影響をもたらしている。景況感・雇用環境の急速な悪化もさることながら、リモートワークの拡大等によりデジタルシフトも加速化し、個々人の価値観やライフスタイル・働き方も急激に変化している[1]。コロナ禍により経営環境がいっそう不透明さを増すなかで、「ジョブ型雇用への転換」といった議論も盛り上がっており、「人」の働き方・活用のあり方について、各企業において踏み込んだ検討が必要となっている。

企業の目的は「企業価値の向上」である。企業価値を高めていくためには、有形・無形の経営資源を確保し、販売戦略・マーケティング戦略、ファイナンス戦略等を総動員して経営資源を効率的・効果的に回転していく必要があるが、急激な構造変化、あるいはさらなる収益環境の悪化・不透明化の進行が見込まれる状況下にあっては、さらに一段踏み込み、事業ポートフォリオを再構築し、事業構造・収益構造自体の変革（トランスフォーメーション）に取り組む必要がある。その一環として、「人」に着目した打ち手を繰り出していく必要性もますます大きくなっていく。

1 　ちなみに、パーソル総合研究所の令和2年11月の調査によれば、正社員のテレワーク実施率は24.7％。企業規模別（従業員数別）にみると、1万人以上の企業では45.0％に対し、100人未満では13.1％。テレワーク実施者（正社員）のうち、コロナ収束後もテレワーク継続を希望する社員は78.6％と、4月調査時の53.2％、5月調査時の69.4％に比べ増加傾向にある。なお、令和3年1月の緊急事態宣言下、東京都内の企業（従業員30人以上）のテレワーク導入率は57.1％、テレワークの実施回数は週3日以上が約6割となっている（令和3年1月22日、東京都新型コロナウイルス感染症対策本部発表）。

ただし、「人」に着目した打ち手、といっても、採用や育成に関する施策を単発でバラバラと行っても実効性は望めない。激しい環境変化のなかだからこそ、基本に立ち返り、勝ち残るためのしっかりした組織・人事の基盤をつくっていくことが重要である。場合によっては企業の「事業目的」自体も見直し、事業戦略の再構築・深化に向けた組織設計と人材戦略を検討・実行していく必要がある。

　以下では、この考え方に立って、「企業価値」を高めるための「組織・人材マネジメントの実践」を整理していきたい。なお、方法論のうち特に出典等を記していないものは、すべて筆者が在籍したいずれかの金融機関における実例をもとにしている。本書における見解はあくまで筆者個人としてのものであり、所属する組織のものではない。

2021年6月

石田　雅彦

目　次

第4章

3つの課題実現のための人事部門の体制・役割

序論

「ジョブ型雇用への転換」
議論の本質

0.1 ジョブ型雇用とは何か

　本論に入る前に、近時話題の「ジョブ型雇用」に触れることとしたい。

　新型コロナウイルス感染症流行、リモートワークの拡大と期を同じくして、日立製作所、富士通等の「ジョブ型雇用」への転換が話題になっている。「ジョブ型」については、令和3年の春闘において、経団連が新卒からの導入を呼びかけるに至っている。

　「ジョブ型」は、この言葉の提唱者によれば、職務内容や責任範囲・必要なスキルを明確にした「職務記述書」により、ジョブごとにそのジョブができる人を当てはめる雇用形態である。「勤務時間でなく成果を評価する『世界標準』の仕組みとして、今後の日本企業の理想形」として取り上げる論調[1]がある（あった）一方、企業によっても言葉の使い方が異なり[2]、「ジョブ型が成果主義というのは誤用」との指摘もある[3]等、混乱がみられる。

　いずれにせよ、新卒一括採用・終身雇用を前提にして職務を限定せず、会社がゼロから人材を育て幅広い職種を経験させるスタイルを「メンバーシッ

---

[1]　「富士通、『ジョブ型』人事制度を導入　幹部社員から　高度IT人材、年収2500万～3500万円想定」（日本経済新聞、電子版令和2年5月9日）、「日立『ジョブ型』雇用へ転換」（日本経済新聞、令和2年5月27日）、「『ジョブ型』雇用成功の条件」（日本経済新聞、令和2年7月22日）

[2]　KDDI版ジョブ型は、「勤務態度や労働時間ではなく、与えられた仕事の達成度で評価する人事制度」とされ、「職務記述書」を導入（令和2年10月25日「NHKスペシャル　パンデミック　激動の世界　第4回・問い直される"あなたの仕事"」）。番組では、「職務記述書」と紹介されていたが、筆者がみる限り目標管理の書式であり、趣旨は目標管理の徹底による処遇のメリハリ拡大にあると理解した。また、三菱ケミカルは、12年ぶりの赤字を受けて、50歳以上の管理職対象に希望退職を実施すると発表。「年功序列でなく職務に適性がある人を当てる『ジョブ型』の人事制度を管理職に始めたことに伴うもの、としている（「三菱ケミが希望退職　管理職2900人対象募集」朝日新聞、令和2年11月5日）。

[3]　「『ジョブ型』は成果主義じゃない（広がりどうみる――名付け親・濱口桂一郎さんに聞く）」（朝日新聞、令和2年12月7日）、「ジョブ型雇用と日本社会　専門性とスキルの尊重を」（日本経済新聞、令和2年12月7日）

図表０－１　メンバーシップ型とジョブ型の特徴

	メンバーシップ型	ジョブ型
採用・研修	新卒一括採用・新卒集合研修	部門別採用・部門別研修
異動・配置	ローテーション・定期異動包括同意により実施（個別には同意をとらない）	個別同意をとり実施
給与制度	年功給・職能給（人の価値に着目）	職務給（職務価値に着目）
報酬水準ベンチマーク	社内序列・社内比較重視	マーケット（競合他社等）水準との比較
職務内容・権限・責任の定義	組織分掌規程および目標管理制度	職務記述書？

プ型」雇用と呼び、従来のわが国の典型とすることにはおおむね異論がないようである。そこで、このような「メンバーシップ型」の理解を前提とし、これと対極にある類型を「ジョブ型」と呼ぶことにすると、図表０－１記載の整理となるであろう。

　「ジョブ型」は、個々の職務内容を定義し、その職務が生み出す価値に着目して処遇を行う雇用類型と整理できる。「メンバーシップ型」と「ジョブ型」の決定的な違いは、報酬水準について、「メンバーシップ型」では社内の序列感・比較感による閉じた決定方法だったものが、「ジョブ型」においては、社外のマーケット水準、すなわち、競合他社等において同等の価値をもつ職務の報酬水準との比較により決定する、あるいは少なくとも社外・世間水準を参照して決定する方向に進む性格を有している点にあると考えられる。

　以上の整理をもとに、筆者が経験した金融機関における雇用形態を類型化すると、以下のようなイメージとなる。

　まず、国内金融機関（銀行・証券・生保）の場合、総合職は部署・職務にかかわらず「メンバーシップ型」であるのに対し、投資銀行部門、市場部門等、競合他社等との間で人材の行き来があるような職務については、「プロ

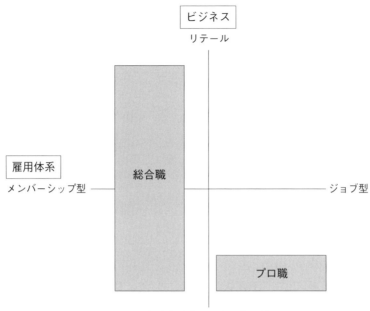

図表 0 - 2　国内金融機関における雇用類型のイメージ

「職」といった雇用区分で職務限定的な人材活用を図るケースがある。この
ケースは「ジョブ型」と位置づけられる（図表 0 - 2）。

　これに対して外資系投資銀行においては、職務にかかわらず、基本的には
「ジョブ型」の雇用形態にあると考えられる（図表 0 - 3）。

　「メンバーシップ型」「ジョブ型」の言葉の提唱者は、「職務記述書」を
「ジョブ型」の要件と位置づけているが、筆者の経験として、内外の外資系
投資銀行において「職務記述書」をきちんと整備し十分なアップデートを
行っている例をみたことがなく、「職務記述書」を絶対的な要件とすること
には違和感を覚えざるをえない。「ジョブ型」は、「まず職務が先にあり、後
から人をあてはめる仕組み」とされるが、だれがやるかによって職務も変わ
るはずである。ジョブ型に位置づけられるであろう海外の金融機関でも、
「この人にどういう仕事を与えるか」という思考回路で職務をアサインする
のもむしろ普通のことである。アサインしようとする人に能力・スキルがあ

図表０－３　外資系投資銀行における雇用類型のイメージ

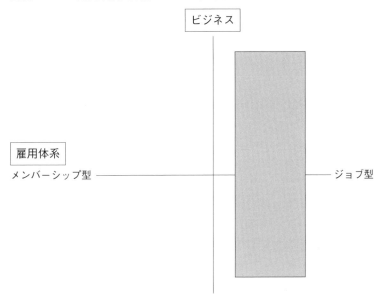

れば、それに応じて職務の質を上げたり量を増やさなければ宝の持ち腐れになり非効率であるし、また、これとは逆に、能力・スキルに少々欠ける部分があるからといって、別の人を追加投入するのも非効率である。「職務」と「人」のミスマッチを避けようとすれば、一つひとつのポジションの職務内容は100％固定ではなく、「人」の要素によって変わりうる、あるいは変えるべきものである。ロボットや機械ではなく人がやるものである以上、職務価値は、職務の質・量とそれをやる人の能力の足し算、または掛け算でしかない。「人が先」対「職務が先」という二分論はかなり観念的な話であり、実務上それほど意味のある議論とはいえないのではないか。

　また、「メンバーシップ型かジョブ型か」という議論に関して、「メンバーシップ型」には以下のような問題があるため「（職務記述書方式の）ジョブ型」への転換が必要、という主張がある。これらは、はたして妥当であろうか。

① 社員にアサインする職務が明確でない。このため、長時間労働を招く。

評価が曖昧になる。成果を評価しにくい。成果に応じた処遇を徹底できない。

② 年功人事になり、能力・実績に応じた柔軟な人材配置がむずかしい。

③ 「同一労働同一賃金」が導入されたので、ジョブ型に移行しないと訴訟リスクがある。

④ スペシャリストの育成に適さない。

① アサインする**職務**が明確でない？

このうち、まず、アサインする職務の明確性については、従来、多くの日本企業は、「組織規程」「分掌規程」といったルールにより各組織単位の役割・業務範囲を定め、その組織単位に属する社員の職務内容を大枠で規定している。その前提で、後述する目標管理制度（113〜123頁参照）や、なんらかのタスク管理を行うことで個々の社員の職務内容を明示している。「職務が明確でない」とすれば、それは、設定する目標の問題、あるいはタスク管理の問題であろう。また、「評価が曖昧になる」「成果を評価しにくい」「成果に応じた処遇を徹底できない」というのは、評価制度あるいは報酬制度の設計・運用の問題である。「ジョブ型」に変えなければこれらの問題を解決できないということではない。

逆に、「組織規程」＋「目標管理またはタスク管理」方式のほうが、その時々の状況によって柔軟なアサインメントが可能という利点もある。「職務記述書」方式の場合、記述内容のメンテナンスが結構大変であり、現に、内部監査で「職務記述書が適切にアップデートされていない」という指摘を受ける企業の例もある。また、「社員によっては、『職務記述書』に書かれたことしかやろうとしない」という弊害もある。

「長時間労働を招く」という論点についても、たしかに、リモートワークになると時間管理がむずかしく、長時間勤務になりがちという指摘もあるが、これも「ジョブ型」かどうかの問題ではなく、勤務時間管理の問題である。残業時間について本人申告制をとっている場合、在宅で実際に生産性高く働いたかどうかも定かでない時間にまで残業代を払うのは避けたいが、これを制度的に解決するとすれば、裁量労働制等、労働基準法上のみなし労働

時間制の導入可否の問題となり、「ジョブ型」かどうかの問題ではない[4]。

② 年功人事になり柔軟な人材配置が困難？

次に、「能力・実績に応じた柔軟な人材配置ができない」という点であるが、たしかに、従来、日本では、新規学卒者を一括採用し、転勤や配置転換により内部育成・昇進させていくのが大企業等の典型的な人事運用であり、年功的な色彩が強かったことは否めないかもしれないが、そうかといって年功人事一色であったわけでもなく、思い切った若手抜擢をしてきた企業も少なくない。一方、「ジョブ型」であっても、経験年数がモノをいう職務であれば、結果的に年功的になる面はあるし、「ジョブ型」を徹底して職務記述書の縛りを強くすると、その他の職務への異動がやりにくくなる弊害もある。

また、能力・業績が見劣りする人材の入替えについては、アメリカのように「Employment at will（随意雇用）」の慣行のある国では解雇は自由であるし、その他の国でも、職務記述書に規定されるポジションを解消して「リダンダンシー（Redundancy）」というかたちで解雇することも珍しくない。

これに対し、日本では、労働契約法上解雇が厳しく制限されているため、まずは退職勧奨を行うかどうかの問題となるが、「メンバーシップ型」だからといって必要であれば退職勧奨を行えばよく、「ジョブ型」でなければで

---

4 ちなみに、裁量労働制のなかでは、システムエンジニア、システムコンサルタント、新商品・新技術開発の業務等に認められる「専門業務型裁量労働制」が最も使い勝手がよい制度であり、リモートワークの場合も活用しうる。企画・立案・調査・分析業務に対する「企画業務型裁量労働制」も選択肢にはなるが、本人同意が必要なため、必ずしも使い勝手がよいとはいえない。また、リモートワークに「事業場外みなし労働時間制」を適用することで残業代支給を抑えている企業もあるが、在宅勤務の場合、この制度は、①業務に用いる情報通信機器が、使用者の指示により常時通信可能な状態ではないこと（「社員が自分の意思で通信可能な状態を切断することを認められていない、あるいは、上司が部下に対して電子メールなどにより随時具体的な指示を行うことが可能であり、かつ、上司から具体的指示があった場合に部下がそれに即応しなければならない状態」ではないこと）、②業務が、随時使用者の具体的な指示に基づいて行われていないこと（ただし、業務の目的、目標、期限などの基本的事項を指示することや、これらの基本的事項について変更の指示をすることは可）という条件がある（厚生労働省「情報通信技術を利用した事業場外勤務の適切な導入及び実施のためのガイドライン」（平成30年2月22日）参照）。すなわち、リモートワークで上司からの具体的指示が必要な場合には事業場外みなし労働時間制を適用できないので留意が必要である。

きない、というわけではない。逆に、「ジョブ型」であっても、退職勧奨の
スタンス次第では「ぶら下がり人材」が出るのを避けられない。以上によ
り、「柔軟な人材配置ができない」ことが「ジョブ型」への転換の決め手と
はいえない。特定度の高い職務・ポジションを前提に雇用した社員のパ
フォーマンスが低く、他の職務への転換もむずかしい場合、「組織変更（ま
たは業務分担の変更）に伴い当該ポジションがなくなるので辞めてほしい」
という言い方で解雇や退職勧奨の合理性を説明しやすくなるということはあ
るかもしれないが、これを理由に「ジョブ型への転換が必要」というのは論
理の飛躍であろう。

③　「同一労働同一賃金」のもと訴訟リスクがある？

　また、「同一労働同一賃金」が導入されたので、仕事内容に応じて給与を
支払う仕組みにしないと訴訟リスクを負う、という主張があるが、少なくと
もいまのところ、日本の「同一労働同一賃金」は、いわゆる正社員（無期雇
用フルタイム労働者）と非正社員（パートタイム労働者・有期雇用労働者・派遣
労働者）の間の待遇格差是正の問題であり、正社員に対し、厳密に職務価値
に応じた処遇を提供しなければならないという話ではない。また、正社員・
非正社員の待遇格差の合理性については「職務の内容」の同一性が問題とな
るが、職務記述書によって定義された職務内容をみて同一性の有無・程度を
判断しなければならないわけでもない。「同一労働同一賃金」を持ち出す主
張は、さすがに的外れであろう。

④　スペシャリストの育成に適さない？

　最後に、「スペシャリストの育成に適さない」という点だが、「メンバー
シップ型」であっても、社員の能力・適性に応じて専門業務に継続的に意図
的に配置を行うことは可能であり、「ジョブ型」でなければそれができな
い、というわけではない。

　ただし、ゼネラリストの育成に軸足を置き、数年で別の部署に異動を繰り
返すような典型的「メンバーシップ型」の人事運用だけを続けているとすれ
ば、際立った専門性を育むことはできず、せいぜいセミプロどまりとなって
しまう。これでは、AIデジタル化等の専門化が進行し、厳しさを増す競争

のなかで到底太刀打ちできない、というのは確かである。また、「お客さまに選ばれる企業」「選ばれ続ける企業」を目指すうえでは、専門性（専門知識・スキル）に優れているだけの「スペシャリスト」ではなく、「お客さまに寄り添って課題解決のストーリーを描き、新しいアイデアに挑戦し、内外の関係者と連携・協働し、高い専門性を発揮してスピーディに具体的な結果を出す『プロフェッショナル人材』」が必要である。社員の側も、自分の価値を上げ、よりよいキャリアをつくっていこうとするのであれば、職務記述書や設定された目標等によってどういう仕事がアサインされているかを基本としつつも、組織のミッション、あるいはアサインされている仕事本来の目的をふまえ、本質的に何が期待されているかを自律的に考え、その期待を超える結果を出す、あるいは少なくとも期待を超える結果を出そうとする「プロフェッショナル」を目指すべき、ということになろう。

　このような意味で「プロフェッショナル人材の育成・確保にフォーカスすべき」というのであればそのとおりであり、この点にこそ議論の本質があるのではないか。企業は、社員に求める人材要件を明確にし、社員がそれを目標として自律的に自分らしいキャリア形成に取り組んでいくサイクルをつくり、支援・促進していく必要がある。「メンバーシップ型」か「ジョブ型」かの二者択一の問題ではなく、「競争に勝ち残る＝企業価値を高める＝結果を出す『プロフェッショナル人材』を育成・確保するために、会社として何をすべきか」をテーマに掲げ、組織・人材マネジメントのあり方を検討していくことこそが重要と考える。

0.2 組織・人事改革時に ありがちな問題と対応の方向性

　各企業の置かれた環境・課題に対応し、組織や人材をめぐる制度や運用の改革・変更を行う場合、筆者の自らの経験、あるいは見聞きしてきた経験によれば、いくつかのありがち、起こりがちな問題がある。本論に入る前に、これらの問題と対応の方向性についても触れておきたい。

①　経営陣の一角に誤解や理解不足があり、改革・変更が進捗しない

　たとえば、改革に向け組織変更を行う、あるいは、タスクフォースを新設する場合等において、既存の部署が人材を抱え込み、必要なスタッフを十分そろえることができない、というケースがある。あるいは、新しい制度をつくるため各部門に協力を依頼すると、「これまでの制度で問題ない。収益をあげるのに忙しいのでそんな暇はない」等といって営業部門等の役員が抵抗するケースもある。また、評価・処遇のメリハリ拡大に合意していたはずなのに、「自分の部門では、"One Team"で仕事をしているので全員同じ評価ランクにしたい」等と強硬に主張してくるケースもある。経営陣のなかで、改革や制度変更趣旨の共有が不十分なまま検討を進めると、後になってこのような支障が発生するリスクがある。検討の初期段階から、経営企画や人事、財務担当の役員だけでなく、営業部門を含む全部門の役員・責任者が十分議論し、企業理念や企業の価値観（バリュー）に立ち返りつつ、改革・変更の背景・必要性・目的・方向性について理解を共有しておく必要がある。また、たとえば、人事に関する改革・変更については、実務レベルでは、人事ビジネスパートナー等と各署の担当者が連携を密にして作業を進める必要がある[5]。

5　組織体制・タスクフォース等について37頁以下、企業理念・企業の価値観（バリュー）による統合・方向づけについて51頁以下、人事ビジネスパートナーについて201頁以下参照。

②　構造改革が目先の対応にとどまり、かえって組織基盤を傷めかねない

わかりやすい例としては、希望退職制度を実施し、人件費削減を確実にするために「全部門一律○％の人員削減」といった目標を掲げて必達を目指した結果、中長期的な戦略遂行のために重要な人材も失い、円滑な事業継続がおぼつかなくなってしまうケースがある。ここまで極端なケースでなくとも、当面の短期的な課題克服だけなく中長期的な観点から事業構造を再考してビジネスモデル、戦略を打ち立てていくのであれば、将来に向けてどの部署にどういう人材を確保しておくべきか、「あるべき人材ポートフォリオ」の見取り図を用意し、その見取り図の実現に向けた人員管理を行う必要がある。また、構造改革の背景と将来戦略を含めた全体像を社員に明確に、かつ十分に説明し、社員のモチベーション・エンゲージメント維持・向上にも最大限配慮する必要がある[6]。

③　他社事例に飛びつき、自社固有の企業理念・戦略やビジネスニーズと乖離してしまう

たとえば、人事制度を改定し等級基準を新設するようなケースにおいて、コンサルティング会社から提供される一般的な制度・基準をそのまま鵜呑みにしたり、他社事例に飛びついたりした結果、制度変更が失敗に終わるケースがある。企業固有の理念や戦略をふまえ、必要な人材像、あるいは求める専門性の具体的な内容を明確化して、自社に適した制度・基準とする必要がある。こういうと当たり前のように聞こえるかもしれないが、実際には、制度設計を急ぐためか、たとえば、コンピテンシー評価の対象項目について、「課題設定力」「情報収集力」等、コンサルティング会社が用意した既製の項目や定義をそのまま用いることが意外に多い。項目自体はよいとしても、たとえば「課題設定」が自社のそれぞれのビジネスにおいて具体的に何を意味するのかを明確にしておかなければ、社員の実際の取組みがその基準に合致しているか否か、あるいは、どの程度合致しているか適切な評価ができず、抽象的・主観的な評価にとどまってしまう懸念がある。会社の現実的なビジ

6　組織・戦略等の見直しについて30頁以下、人材ポートフォリオについて57頁以下、エンゲージメントについて64頁以下、希望退職制度について136頁参照。

ネスニーズから乖離し、また、社員にとっても公正で納得感ある評価とは受け取られず、エンゲージメントに支障をきたすリスクもある。自社の企業理念や戦略をふまえた設計、あるいはカスタマイズが欠かせない[7]。

④ **制度変更が局所的にとどまり、中途半端になってしまう**

たとえば、「全社的な専門性の向上」を目的として制度変更を行うにあたり、社員に対し求める専門知識・スキルの内容を精緻化するにとどまり、それを使って業務を行う体制、あるいは業務プロセスのあり方については前例踏襲、というケースが多い[8]。

あるいは、専門知識の有無やレベルだけにフォーカスして、専門知識を使ってどのように課題を解決しているか、どのように結果を出し、お客さまに価値を提供しているか、といった肝心な点については、従来同様、抽象的で曖昧な目標を設定し、ブレの大きい印象評価を行っているケースも珍しくない。

また、たとえば「変革重視」といいながら、採用基準への落とし込みや採用担当者へのすり込みが不徹底なため、相変わらず全体的なバランスがとれた（どちらかといえば保守的な）人材だけを採用しているケース、あるいは積極的にむずかしい課題に挑戦したが結果として失敗した社員について、結果だけに着目した減点評価の運用を継続し、挑戦を尻込みさせる企業風土を温存しているケースも少なくない。

以上あげた例にみるように、制度変更を行う場合には、タテヨコ斜め相互にみて、関連して手を入れるべきところを網羅的にカバーする必要があり、それによってはじめて趣旨・目的の一貫性ある変更が可能となることを忘れてはならない。

⑤ **社員の不利益に対する配慮不足があり、変革が受け入れられない**

たとえば、従来の年齢給・年功給を能力給や職務給に変更する等、社員の処遇制度を変更する場合、典型的には、年齢が高く、役割責任に比し高い給

7 　等級基準について149頁以下、コンピテンシーについて83頁以下および123頁以下参照。

8 　業務プロセスについて44頁以下、目標管理制度・評価制度について113頁以下参照。

与を得ていた社員の既得権を一部奪うことになる。このほか、住宅手当、昼食手当、制服等、衣食住に関するベネフィットについては、とりわけ若手社員の生活面に影響が大きいことから、この点に配慮を欠いた変更や廃止を行うと、モチベーションを下げ、場合によっては法的紛争にまで発展するリスクがある。また、企業内労働組合がある会社において、以前の労使交渉の結果、ベース・アップを見送るかわりに新設された手当について、数年後、組合に対し無遠慮に廃止に動いたため、無用のトラブルとなるようなケースもある。このような制度変更については、「Pay for Job（職務価値に応じた報酬）」「Pay for Performance（業績貢献に応じた報酬）」といった趣旨・目的について、社員に頭ではわかってもらえたとしても、心理的・感情的な抵抗感は残り、モチベーション、エンゲージメントの阻害要因となりやすい。

　労働条件の不利益変更については、その合理性を担保するための法的な対応はもちろんのこと、業績貢献が高い社員に対しては、トータルでは従前以上の処遇を享受しうる機会を提供する等、社員のモチベーション、エンゲージメントに十分配慮する必要がある[9]。

　以下の本論では、このような問題への対応の必要性を念頭に置きつつ、戦略、体制、業務プロセス等の見直しを含めた網羅的な組織・人材マネジメントのあり方について、その考え方と方法論を整理していきたい。

9　労働条件の不利益変更について145頁以下参照。

第 1 章

企業価値を高めるための
取組課題と組織能力の再構築

1.1 企業価値を高めるための 3つの取組課題

1.1.1 課題1：戦略的人材ポートフォリオの実現

まず、「企業価値」の意味を確認し、企業価値と「人」との関係を整理しておきたい。

「企業価値」は、まず第一に、企業が生み出す経済的な価値を意味する。ファイナンス理論では、将来生み出されるフリーキャッシュフロー（FCF）の現在価値とされている。

> FCF＝税引き後営業利益＋減価償却費－運転資本増減額－設備投資増額[1]

FCFの大小は、売上高成長率、営業利益率、運転資本効率、設備投資効率等といった指標により決まるが、これらのうち、「人」の要素によって直接数字を上げることができるのは売上高成長率、営業利益率である。ただし、売上げの伸びと収益性は、短期的にはトレードオフ（二律背反）の関係にある。たとえば、事業ポートフォリオを見直し、稼げるプロフェッショナル人材を今後の重点分野に数多く投入すれば売上げは増えるかもしれないが、これらの人材の給与が高ければ人件費も増えてしまうので、全社的な収益性は落ちる可能性がある。したがって、成長性と収益性のバランスが肝心であり、また、あわせて中長期的な「投資」の観点の検討も必要である。中長期的な「人」への「投資」の観点からは、当面の収益性には多少目をつぶ

---

1 「戦略経営バイブル：企業価値を高める事業戦略がわかる」高橋宏誠（PHP、平成22年）の定義による。

り、将来の売上げ増大・収益拡大を期待して、稼げる人材をできるだけ多く採用・確保しておくという経営判断もあるかもしれない。いずれにせよ、今後の戦略を実現するため、「稼げる人材をいつ、何人、いくらで確保するか」を検討し、「成長性と収益性の観点からバランスのとれた『戦略的人材ポートフォリオ』を実現すること」が、「企業価値」を上げるための必要条件となる。

次に、「企業価値」と労働力との関係を直接測る指標として「労働生産性」に着目したい。この指標は、労働力一単位当りの付加価値額を意味している。

労働生産性＝付加価値額÷労働投入量（社員数、またはマンアワー＝社員数×労働時間）　　　　　　　　　　　……①

なお、付加価値額＝営業利益＋人件費＋支払利息等＋動産不動産賃借料＋租税公課[2]

この①式を変形すると、以下のとおりとなる。

付加価値額＝労働投入量（社員数、または社員数×労働時間）×労働生産性

この計算式が意味するところは、単純にいえば、より多くの社員を確保し、かつ労働生産性を上げれば「企業価値」を上げることができるということである。しかしながら、社員数を増やせば（①式の分母が大きくなるため）労働生産性が下がる可能性があるので、単に社員数を増やせばよい、ということではない（実際、規模拡大を追って社員を急速に増やした結果、生産性が落ちた会社の事例は多い）。結局のところ、戦略を実現するための「適正規模の社員数」で「最大限の労働生産性」を上げるバランスのよい「戦略的人材

2　中小企業庁等の定義。

ポートフォリオ」を実現することが、企業価値を高めるための必要条件となる。

　以上により、「人」に着目して企業価値の向上を目指す場合、「戦略的人材ポートフォリオの実現」が第一の取組課題となる。

　これに取り組むためには、まず、今後の経営戦略に即して「人材ポートフォリオ」を管理・運用するための枠組みが必要である。また、目指す戦略的人材ポートフォリオを実現するためには、実質的な要件として、必要な人材を惹きつけ、社外流出を防止する必要がある。さらにそのためには、働きやすく、働きがいある職場と機会を提供し、高いエンゲージメントを得ることが必要条件となる[3]。

　もとより、労働生産性は「人」の労働の質だけで決まるものではないが、労働生産性の上昇を①労働の質の寄与、②IT資本の寄与、③非IT資本（建物・機械器具等）の寄与、④TFP（全要素生産性：労働や資本の投入量増減では計測できないすべての要因。すなわち「技術革新の指標」とも呼ばれている）の寄与に分解すると、日本の場合、非IT資本の寄与が大きく、次に労働の質の寄与が大きい。他国と比べると労働の質の寄与がやや高く、日本の労働生産性の上昇を下支えする要因になっている（図表１−１）。

　以上述べたとおり、戦略的人事ポートフォリオを実現するためには、「人材ポートフォリオ」を管理・運用する枠組みをつくるとともに、働きやすく、働きがいある職場と機会の提供、エンゲージメント向上が必要となる。

　それでは、具体的にはどうすればよいか。

　人材ポートフォリオ設定・運用の枠組みについては第2章2.2で、働きやすさとエンゲージメントの内容と具体策については第2章2.3、および第3章で説明する。

3　働きやすさ・エンゲージメントと社外流出抑制効果の関係については、「2.3　働きやすさとエンゲージメントの向上」（64頁以下）参照。

図表1－1 日米独の実質労働生産性上昇率の要因分解

〈日本〉

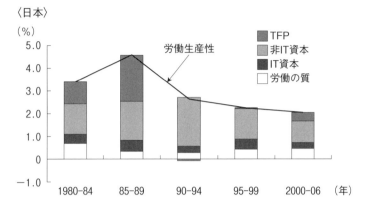

〈アメリカ〉

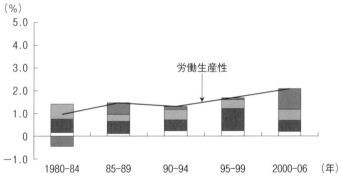

〈ドイツ〉

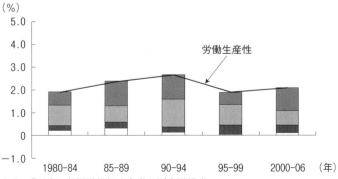

出典：「平成27年版労働経済白書」厚生労働省

1.1.2　課題 2：「人的リスク」の適切な管理

「企業価値」を決める要素として、企業が抱えるリスクの大小もある。企業価値を高めるためには、適切かつ十分なリスク管理により、将来の損失（リスク事象が発生した場合に被る損失）を予防・回避する必要がある。

企業には、市場リスク、信用リスク、オペレーショナルリスク、システムリスク、レピュテーションリスク等、さまざまなリスクがあるが、「人」に関するリスクも企業の継続的・安定的成長にとって重大な障害となりかねない。

具体的には、人事運営をめぐる企業と社員との間の個別のトラブル、賃金や労働時間、公平・均等待遇、安全衛生等に関して企業が遵守すべき労働基準法・雇用機会均等法等の法令違反、上司や同僚からのパワーハラスメント・セクシャルハラスメント、ハラスメント等に起因するメンタルヘルス問題、あるいは長期傷病休職、人材の流出等のリスクである。これらの人的リスクについて適切かつ十分な管理を行うことで将来の損失を予防・回避し、企業価値の向上を確実にすることが重要である。

企業のリスク管理態勢については、COSO（アメリカのトレッドウェイ委員会支援組織委員会）の「内部統制の統合的フレームワーク」とIIA（内部監査人協会）が示す「3線防衛（スリーラインディフェンス）」の枠組みがあり、この考え方に基づき社内リスク管理態勢を整備するのが一般的になりつつある（図表1－2）。

1線は現業部門であり、ビジネスを推進するにあたって、どのようなリスクがあるのか自ら特定し、管理を行う直接的な責任を負う。これに対し、2線は、1線のリスク管理が十分になされているかをモニタリングし、必要な支援・監督を行う責任を負う。

この考え方によれば、人的リスクについては、各組織単位が1線として、人事部門が2線として、管理・対応を行うこととなる。この点について、従来、多くの企業ではそれほど強く認識されてこなかったのではないかと思わ

図表1−2　3線防衛（スリーラインディフェンス）の枠組み

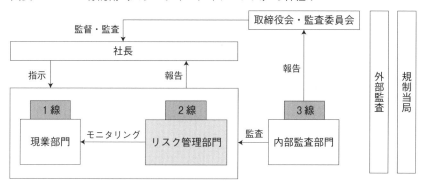

出典：「3つのディフェンスライン全体でのCOSOの活用」日本内部監査協会（月刊監査研究、平成27年10月号）より筆者作成

れるが、1線＝各組織単位、2線＝人事部門という役割分担と協働・牽制関係を明確化して、十分な機能発揮を期待できる全社的な人的リスク管理態勢を整備する必要がある。

　配置転換、評価、処遇等に関する社員からの苦情や不満は、適切に対応しないと（あるいは適切に対応しても）訴訟等の紛争になるリスクがある。経営としては、一般的な労働関係の裁判例等にも目を配り、いわば他山の石として自社のリスク管理に役立てていく必要がある。

　以上説明したとおり、「人的リスクの適切な管理」が企業価値向上のための第二の取組課題ということになる。そして、このリスク管理は、各組織単位におけるマネジメント、および人事部門のリスク管理態勢により人材マネジメントシステムを通じて実現を目指すこととなる。これについては、第3章、第4章で説明を加えることとしたい。また、第3章において、重要な、あるいは最近の参考となる裁判例を紹介し、人的リスク管理上の留意点を補足することとしたい。

1.1.3　課題3：ダイバーシティ経営・健康経営

　「企業価値」として、近年、経済的価値だけでなく、企業の社会への貢

献、企業のもつ社会的な価値も重視されている。この一環として、最近拡大している「ESG投資」は、年金など長期資金を運用する機関投資家を中心として、個別企業について、企業の損益や財務状況だけでなく、「Environment（環境）」「Social（社会）」「Governance（企業統治）」の観点から分析し、これらの非財務情報をもとに、中長期的な企業の成長力を評価して行う投資を意味している。「ESG」の３つの要素にコミットし、「ESG経営」を行っている企業は中長期的に企業価値を向上させることができるという考え方である。日本でもESG投資の規模は拡大しており、平成28年からの２年間で約0.5兆ドルから約2.2兆ドルへと約５倍となっている（図表１－３）。

図表１－３　世界の地域別ESG投資規模（2016年・2018年比較）（単位：十億ドル）

地域	2016年	2018年
ヨーロッパ	12,040	14,075
アメリカ	8,723	11,995
日本	474	2,180
カナダ	1,086	1,699
オーストラリア・ニュージーランド	516	734
合計	22,890	30,683

出典：「2018 GLOBAL SUSTAINABLE INVESTMENT REVIEW」世界持続可能投資連合（GSIA）。

図表１－４　ESGの意味

・Environment（環境問題への対処）
　　自然環境に対する配慮。気候変動、環境汚染や生物多様性への配慮、省エネ・CO_2排出量の削減努力など。
・Social（社会問題への対処）
　　現代社会に及ぼす影響への配慮。顧客、サプライヤー等への配慮。従業員の労働環境、多様性拡大、安全衛生環境や人権問題への対応。雇用創出・確保。地域社会への貢献。
・Governance（企業統治）
　　経営の管理体制。法令遵守、情報開示。

ESGの意味は図表 1 － 4 記載のとおり。

　「人」に関する事項は、ESGのうち、「Ｓ」＝「Social（社会）」の要素に含まれ、ESGを重視する投資家から女性活用を求める声が強まる[4]等、とりわけ、多様性（ダイバーシティ）と健康管理に注目が集まっている。

　日本では、ESG投資を促進する観点から、たとえば、経済産業省と東京証券取引所が共同で女性活躍推進に優れた上場企業を「なでしこ銘柄」として選定しているほか、従業員の健康管理を経営的な視点で考え戦略的に取り組む上場企業を「健康経営銘柄」として選定している。

　「なでしこ銘柄」は、女性の活躍推進を人材の多様性を促進する「ダイバーシティ経営」の一環として位置づけたうえで、①女性の職業生活における活躍の推進に関する法律（女性活躍推進法）に基づく行動計画を策定していること（従業員数300人以下の企業を除く）、②厚生労働省の「女性の活躍推進企業データベース」に「女性管理職比率」を開示していること、加えて、③女性取締役が 1 名以上いること、の 3 つのスクリーニング要件と財務指標（ROE）を基準にして選定されている。東証の分析によれば、令和元年度選定企業は、売上高営業利益率、配当利回りとも東証 1 部平均比高い傾向があり、女性活躍と収益性の間に相関関係がある結果となっている（図表 1 －5、6）。

　女性の活躍推進について、従来、多くの企業はどちらかといえば受け身の対応だったように思われるが、企業価値の向上を目指すにあたっては、積極的・能動的な取組みが必要である。また、競争が激化するなかで、柔軟に事業を組み換え、あるいは変化させていくにあたっては、女性の活躍を推進するだけでなく、他業界を経験した専門家や外国人等、多様な経験や価値観をもつ人材を積極的に活用することが重要になる。性別や出身等に関係なく能力・スキルのある人材を採用・登用し、仕事と育児の両立、ワークライフ・バランスへの配慮を含め、それぞれの人材が最大限その能力・スキルを発揮しうる環境整備を進めるべきである。このような取組みにより多様な人材を

4　「女性生かす企業に高評価　業績との相関投資家注目」（日本経済新聞、令和 2 年 7 月20日）参照。

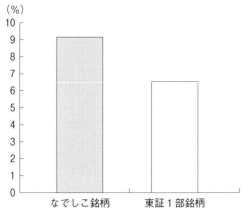

図表1－5　令和元年度なでしこ銘柄の売上高営業利益率（令和元年3月時点）

出典：「令和元年なでしこ銘柄」経済産業省・東京証券取引所（令和2年3月）

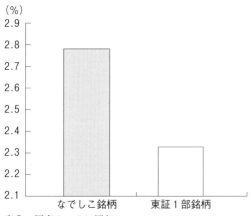

図表1－6　令和元年度なでしこ銘柄の配当利回り（令和元年3月時点）

出典：図表1－5に同じ

確保できれば、第一の課題としてあげた「戦略的人材ポートフォリオの実現」にもつながるはずである。

　「健康経営銘柄」は、経済産業省が実施する「健康経営度調査」結果とROEにより選定されている。また、東証上場企業以外の企業についても、「健康経営優良法人（大規模法人部門）」「健康経営優良法人（中小規模法人部

門）」として、健康経営の取組みに優れた企業が認定されている。

選定・認定にあたって評価される項目はおおむね以下のとおり。

・経営理念（経営者の健康経営についての自覚）

・健康課題の把握

・ヘルスリテラシーの向上

・ワークライフ・バランスの推進

・職場の活性化

・病気の治療と仕事の両立支援

・保健指導

・健康増進・生活習慣病予防対策

・感染症予防対策

・過重労働対策

・メンタルヘルス対策

・受動喫煙対策

「健康経営」は、「健康管理を経営的視点から考え、戦略的に実践すること」であり、図表1－7記載の①から③の好循環をつくることである。

図表1－7　健康経営により期待される好循環

①	企業が、多様な社員が健康で活躍できる環境を整備することにより社員満足度、社員のロイヤルティが向上し、
②	それに伴い、サービス品質が上がり顧客に提供する価値が向上し、顧客満足度、顧客のロイヤルティが向上し、
③	これに伴い、企業の収益性・成長性が向上し、投資家満足度、投資家のロイヤルティが向上する

健康経営による社員の健康保持・増進等の取組みが、社員の活力向上や生産性の向上、組織の活性化をもたらし、結果的に企業価値向上につながる。ちなみに、ジョンソンアンドジョンソン（J&J）の調査結果によれば、健康経営に対する投資1ドルにより、3ドルのリターンが生まれる（図表1－8）。

新型コロナウイルス感染症の流行を受けて、あらためて「健康経営」に焦

図表１－８　健康経営への投資に対するリターン

投資リターン（３ドル）

健康経営への投資額（１ドル）	生産性の向上 欠勤率の低下 プレゼンティーイズムの解消
人件費 （健康・医療スタッフ・事務スタッフ）	医療コストの削減 疾病予防による傷病手当支払減 長期的医療費抑制
保健指導等利用費、システム開発・運用費	モチベーションの向上 家族も含め忠誠心と士気が上がる
設備費 （診療施設、フィットネスルーム等）	リクルート効果 就職人気ランキングの順位上昇で採用が有利に
	イメージアップ ブランド価値の向上株価上昇を通じた企業価値の向上

出所：「儲かる『健康経営』最前線」（ニューズウィーク誌2011年３月号）をもとに作成
出典：「健康経営について」経済産業省ヘルスケア産業課（令和２年４月）

点が当たりつつある。たとえば、感染症対策として、新しいテクノロジーの活用により在宅勤務の割合を高めていく必要性が議論されている。企業の感染リスク回避に向けた努力は社員のエンゲージメント向上につながると考えられており、また、新しいテクノロジーの活用は労働生産性向上にもつながるため、企業価値向上の観点から、感染症対策を含めた健康経営の強化が、個々の企業にとっての今後の重要なテーマとなる。

　以上説明したとおり、「ダイバーシティ経営」と「健康経営」が、企業価値の向上を目指すための第三の取組課題となる。これも、後述の「人材マネジメントシステム」により実現を目指すこととなる。これについては、第３章で詳述することとしたい。

　なお、令和元年度のなでしこ銘柄と健康経営銘柄は図表１－９、10のとおり。

　ちなみに、「健康経営銘柄」かつ「なでしこ銘柄」でもある会社は図表

図表1-9 令和元年度「なでしこ銘柄」選定企業46社（業種内において証券コード順に掲載）

	企業名		企業名		企業名
1	カルビー	17	ダイキン工業	33	丸井グループ
2	アサヒグループホールディングス	18	日本精工	34	イオン
3	日本たばこ産業	19	オムロン	35	三井住友トラスト・ホールディングス
4	コスモエネルギーホールディングス	20	堀場製作所	36	三井住友フィナンシャルグループ
5	熊谷組	21	ブリヂストン	37	千葉銀行
6	協和エクシオ	22	島津製作所	38	みずほフィナンシャルグループ
7	帝人	23	凸版印刷	39	高知銀行
8	特種東海製紙	24	東京瓦斯	40	大和証券グループ本社
9	積水化学工業	25	東急	41	SOMPOホールディングス
10	花王	26	日本郵船	42	MS&ADインシュアランスグループホールディングス
11	DIC	27	野村総合研究所	43	ケイアイスター不動産
12	大塚ホールディングス	28	エヌ・ティ・ティ・データ	44	イオンモール
13	AGC	29	SCSK	45	ギグワークス
14	日立金属	30	双日	46	ルネサンス
15	古河電気工業	31	三井物産		
16	LIXILグループ	32	日立ハイテク		

図表1－10　「健康経営銘柄2020」選定企業（30業種40銘柄、業種順）

業種	企業名	選定回数
水産・農林業	日本水産	2回目
鉱業	国際石油開発帝石	初選定
建設業	日本国土開発	初選定
食料品	アサヒグループホールディングス	3回目
	味の素	4回目
	ニチレイ	初選定
繊維製品	ワコールホールディングス	5回目
パルプ・紙	ニッポン高度紙工業	初選定
化学	花王	6回目
	第一工業製薬	初選定
医薬品	小野薬品工業	初選定
石油・石炭製品	JXTGホールディングス	2回目
ゴム製品	住友ゴム工業	初選定
ガラス・土石製品	TOTO	6回目
鉄鋼	愛知製鋼	初選定
非鉄金属	住友電気工業	初選定
金属製品	リンナイ	4回目
機械	ディスコ	2回目
電気機器	コニカミノルタ	5回目
	ブラザー工業	3回目
	オムロン	2回目
	堀場製作所	2回目
	キヤノン	2回目
輸送用機器	デンソー	4回目
精密機器	テルモ	6回目
その他製品	アシックス	3回目

電気・ガス業	東京瓦斯	2回目
陸運業	東急	6回目
情報・通信業	Zホールディングス	2回目
	KSK	2回目
	SCSK	6回目
卸売業	TOKAIホールディングス	初選定
小売業	丸井グループ	3回目
銀行業	みずほフィナンシャルグループ	3回目
証券、商品先物取引業	大和証券グループ本社	6回目
保険業	SOMPOホールディングス	2回目
	東京海上ホールディングス	5回目
その他金融業	リコーリース	4回目
不動産業	東急不動産ホールディングス	初選定
サービス業	ディー・エヌ・エー	2回目

図表1－11 「健康経営銘柄」かつ「なでしこ銘柄」

アサヒグループホールディングス 味の素 花王 オムロン 堀場製作所 東京瓦斯 東急 SCSK 丸井グループ みずほフィナンシャルグループ 大和証券グループ本社 SOMPOホールディングス 東京海上ホールディングス

1－11の13社となっており、ホームページ等でESGへの取組みを大きくうたっている会社が多い。

1.2 ３つの課題に取り組むための組織能力の再構築

1.2.1 戦略および事業の基盤・仕掛け・人材に着目した見直しの方向性

　1.1でみたとおり、「人」に着目したとき、「戦略的人材ポートフォリオの実現」「人的リスクの適切な管理」「ダイバーシティ経営・健康経営」の３つが企業価値を高めるための取組課題となるが、これらの課題に取り組むにあたっては、その前提として、戦略・組織・人材の現状を確認し、問題点を浮き彫りにしておく必要がある。経営環境の変化を受けて見直すべきは、戦略そのもののほか、①事業を動かす「基盤」（＝「組織構造」）、②事業を動かす「仕掛け」（＝「体系的業務プロセス」）、および、③その仕掛けを適切に動かす「人材」である。戦略・基盤・仕掛けを変更するのであれば、それに伴い人材の配置も変わってくる。これらの見直しによりはじめて「戦略的人材ポートフォリオ」の青写真を描くことができ、また、人的リスク管理、ダイバーシティ経営・健康経営の前提条件を整えることができる。

　また、これらの「基盤」・「仕掛け」・「人材」を、各企業の「事業目的」と「戦略」の軸に沿ってうまく設計し、独自のユニークな組合せを実現できれば、厳しい経営環境下においても、「競争力の源泉」「差別化の決め手」となる特質を生み出し、あるいは強化することができる。すなわち、「基盤」・「仕掛け」・「人材」の組合せが組織能力をつくる。今後も長期的に勝ち残るためには、これらの組合せ方に徹底的にこだわり、組織能力を研ぎ澄ませることで、他社が模倣できない特質をつくっていく必要がある。

> 組織能力 ＝ 基盤（組織構造）×仕掛け（体系的業務プロセス）×人材

　「競争力の源泉」について、経営者が、たとえば、「高品質・低コストを当社の売りにしたい」と考えたとしても、考えただけで実現できるわけではなく、トヨタのように「カイゼン」を企業のいわばDNAとして、自社および関連会社のすみずみまで培養し浸透させてはじめて実現できるものである。また、たとえば、「イノベーション」を差別化の決め手とするのであれば、サントリーの「やってみなはれ」精神のように、権限委譲を進め、タスクベースのチームで失敗を恐れない果敢な取組みを積極的に奨励する土壌が必須となる。さらに、従来の「DNA」「土壌」がそれなりに有効だったとしても、そのまま温存しているわけにはいかない。たとえば、トヨタも、近時の社会の変化・環境変化を受け、既存領域のコスト改善、体質強化を継続しつつも、「モビリティカンパニー」として、新たな社会的意義あるビジネスモデルへの転換を目指し変革しようとしている。

　繰り返しになるが、ユニークで強靭な「DNA」あるいは「土壌」を培養・浸透させるためには、「基盤」・「仕掛け」・「人材」の統合による組織能力の再構築・強化が必要である。

　「組織構造」は、たとえば、事業部別組織あるいは機能別組織といった組織体制、および、その体制での各組織単位や階層の設定・配置のあり方であり、イメージでいえば、事業を動かす「箱」の置き方とかたちといってもよい。経営環境が厳しさを増し、あるいは、急激に変化するなかにあっては、そのつどの経営課題に応じた機動的な組織編成を検討する必要がある。組織構造には、各組織単位の権限設定も含む。担当業務に関する投資権限や経費の支出権限や、社員の採用とアサインメント、評価、処遇の決定権について、どの階層にどのレベルの権限を設定するか、その設定次第で企業全体の意思決定のスピードと有効性が変わってくる。

　次に、「体系的業務プロセス」は、組織構造のうえで事業を実際に動かすための「仕掛け」である。「組織構造」の段階で決めた「箱」の置き方とか

たち、権限設定を前提として、実際に事業を動かすための意思決定や情報共有の体系的なプロセス、業務計画・進捗管理のプロセスを設計する必要がある。デジタル時代に即し、AIやRPAを活用したできるだけ効率的なプロセスを追求すべきである。また、新型コロナウイルス感染症流行を契機に拡大したリモートワークを今後も活用していくのであれば、それに対応したプロセスに変更する必要もある。効果的・効率的な「体系的業務プロセス」をつくろうとすると、各組織単位の役割分担や管理スパンについて見直しが必要となり、場合によっては、「組織構造」にさかのぼった再設計が必要になることもある。

　「人材」は、事業を動かす「箱」のなかで、「仕掛け」を動かす役目を担う人材の配置・活用のあり方である。AI化が進展するなか、AIに任せてよい業務処理領域と、予測困難な変化に対応した意思決定、あるいはソフトスキルを発揮した取引交渉等「人」の関与が欠かせない領域の棲み分けを吟味し、AI化領域の人材には新しいスキル習得を求める等して、再配置を行っていくことが必要となる。現状の人材をどこにどのように配置し、活用すると最も効果的・効率的に「仕掛け」を動かすことができるのか、企業全体の人材の最適配置を検討し、その実現に向け、最適なスタッフィングを行う必要がある。また、「人材」の現状を確認するなかで、今後の戦略実現に向けた人材の過不足を把握し、対策を検討する必要がある。

　以上述べた、「組織構造」・「体系的業務プロセス」・「人材」に対する投資

図表１－12　無形資産の分類と内容

分類	情報化資産	革新的資産	経済的競争力
無形資産の内容	ソフトウエア資産（受注ソフトウエア、パッケージソフトウエア、自社開発ソフトウエア）	科学および工学的研究開発、鉱物探査、著作権および商標権、その他の製品開発、デザインおよび研究への支出	企業固有の人的資本、組織変革に対する費用、企業のブランドの価値を高める広告などへの支出

出典：「ICTによる経済成長加速に向けた課題と解決方法に関する調査研究報告書」総務省情報通信国際戦略局（平成26年3月）

は、組織能力の再構築・強化を通じ、あるいは直接的に労働生産性の向上をもたらす。組織のフラット化、権限委譲、戦略の明確化、業務知識・ノウハウ等ナレッジ共有、採用・研修（Off-JT）等は、無形資産の一部である（図表1−12。無形資産のうち「経済的競争力」に含まれる）が、日本では、無形資産の労働生産性上昇への寄与は小さい（図表1−13）。このことは、逆に伸びしろがあるともいえ、各企業における無形資産の蓄積努力が重要であることを示している。そして、これら「組織構造」・「体系的業務プロセス」・「人材」は、経営者が自ら直接、設計できる要素であることに注目すべきである。どう設計し、組み合わせるかは経営者次第であり、最適の組合せを求め、検討を重ねる必要がある。

　また、実際、企業が、採用・研修（Off-JT）、組織のフラット化、権限移譲、戦略の明確化、業務知識・ノウハウ等ナレッジ共有等に関する取組みをIT投資とあわせて行うと業績向上につながる。このような人的資本、組織

図表1−13　無形資産を考慮した労働生産性の要因分解

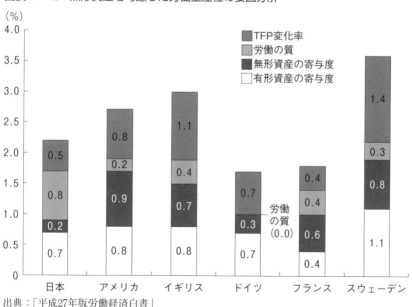

出典：「平成27年版労働経済白書」

図表1－14　業績向上に寄与する人的資本・組織変革に関する取組項目

	ICT化の進展項目	組織改革・人的資本への取組項目
農林水産業	・社内ポータルサイトの設置	・意思決定権限の集中化
製造業	・社員へのスマートフォンの貸与 ・外部向けSNSアカウントの開設	・雇用者の社内における流動性の促進 ・業務に関するノウハウの社外との共有 ・ICTツールやICTサービスの運用や構築に係る専門の人材の新卒採用 ・CIOやICT担当役員を設置
建設業	・取引先・顧客等を含めネットワーク化を行い自社を超えてICTシステムを活用 ・社内ポータルサイトの設置 ・収集したデータをもとに業務の見える化（実態の把握）に活用	・ICT投資やICT利活用における効果測定・導入後の社内での評価を外部の第三者（コンサルティング会社、ベンダーなど）に委託 ・業務の国内でのアウトソーシング ・ICT投資やICT利活用における効果測定・導入後の評価を社内で実施 ・CIOやICT担当役員を設置
電気・ガス等	・社員へのスマートフォンの貸与	・ICTツールやICTサービスの運用や構築に係る専門の人材を新卒採用 ・組織のフラット化
商業	・取引先・顧客等を含めネットワーク化を行い自社を超えてICTシステムを活用	・業務の海外へのアウトソーシング ・組織のフラット化 ・社内業務のペーパーレス化 ・事業部門の分割や分社化 ・CIOやICT担当役員を設置
金融・保険業	・社員への携帯電話端末の貸与	・ICT投資やICT利活用における効果測定・導入後の評価を

		費用対効果の面から社内で定量的に評価
不動産業	・取引先・顧客等を含めネットワーク化を行い自社を超えてICTシステムを活用	・業務の海外へのアウトソーシング ・業務に関するノウハウの社外との共有 ・従業員の社内もしくは社外研修の充実 ・ICT投資やICT利活用における効果測定・導入後の評価を社内で実施
運輸	・取引先・顧客等を含めネットワーク化を行い自社を超えてICTシステムを活用 ・部門を超えて企業内でネットワーク化を行いICTシステムを活用 ・収集したデータをもとに業務の予測（業績／実績／在庫管理等）に活用	・業務の海外へのアウトソーシング ・意思決定権限の分散（権限移譲） ・組織のフラット化 ・社外取引のペーパーレス化
情報通信業	・収集したデータをもとに業務の自動化に活用 ・部門を超えて企業内でネットワーク化を行いICTシステムを活用	・経営陣と中間管理職の間での権限の見直し ・ICT投資やICT利活用における効果測定・導入後の評価を社内で実施
サービス業	・取引先・顧客等を含めネットワーク化を行い自社を超えてICTシステムを活用 ・収集したデータをもとに業務の自動化に活用	・組織のフラット化 ・CIOやICT担当役員を設置

注：統計分析で有意となった項目。
出典：図表1−13に同じ

変革に関する投資と業績向上の間には統計的に有意な関係があることが確認されている（図表1−14）。

　組織分析のフレームワークとしてはマッキンゼーの「7S」が有名である

図表 1 −15 マッキンゼーの「7 S」

・Strategy（戦略）
・Structure（組織）
・Systems（経営の仕組み）
・Staff（採用・配置、人材の資質）
・Skills（組織の強み、ノウハウ）
・Style（リーダーシップスタイル）
・Shared Values（企業の価値観）

 組織に関して、経営者により直接
設計可能な要素

が、7 Sのモデルは組織をかなり広い意味でとらえている。上述の「組織構造」・「体系的業務プロセス」・「人材」は「Structure」・「Systems」・「Staff」に相当し、「7 S」は、これらのほか、組織の前提であるStrategy（戦略）、および、Skills（組織の強み、ノウハウ）、Style（リーダーシップスタイル）といった無形のものを含めたモデルである。また、51頁で後述するとおり、「企業理念」、あるいは「共有する価値観（企業として何を大事にするか）」は、「組織構造」・「体系的業務プロセス」・「人材」の3つの要素を束ねるバックボーンとなるが、これは「Shared Values」に相当する（図表 1 −15）。

1.2.2 「戦略」の診断と設計

組織能力の再構築・強化を目指し、「組織構造」・「体系的業務プロセス」・「人材」の最適な組合せを探るにあたっては、事業目的達成に向けた「戦略」が調っていることが前提となる。図表 1 −16記載のような項目に沿って「戦略」の現状を診断する。

上記項目の診断結果をふまえ、必要に応じ、環境分析に立ち返り、事業ポートフォリオの再構築や戦略自体の見直しに取り組む必要がある。また、それらの社員への共有・浸透策についても検討が必要となる。

図表1－16　自社「戦略」チェックリスト

1　○○事業は何を目指していますか
2　だれにどういう商品・サービスを提供していますか
3　どこで何を武器に競争していますか（商品？　マーケット？　販売チャネル？）、自社の何が強みなのか明確になっていますか
4　今後の外部環境の変化・課題は何ですか
5　外部環境の変化・課題に対し、現状、経営資源の何が足りていて、何が不足していますか　中長期的な販売・商品開発・マーケティング・品質管理・人材・ファイナンス・テクノロジー戦略は立案されていますか
6　○○事業の戦略は、他の事業と整合性がとれていますか
7　○○事業の方向性はどの程度社員に理解されていますか
8　注力分野の戦略遂行において、経営陣と社員は一枚岩になって臨んでいますか
9　社員は、事業の成長要因（顧客ニーズ、会社の業界環境、会社の収益・キャッシュフローの源泉）をきちんと理解していますか

1.2.3　「組織構造」の診断と設計

(1)　組織構造の診断

　次に「組織構造」については、図表1－17記載のような項目に従って自社の状況を診断し、その結果をふまえて設計・再設計を行う。戦略の見直しを行うのであれば、現状の組織構造がそれに即したものかどうかの診断も必要となる。

図表1－17　自社「組織構造」チェックリスト

1　○○事業の課題に対し、現状の組織で何がうまくいっていて、何がうまくいっていないでしょうか
2　規模の利益、部門間のインフラの共有、業務遂行の迅速化、新しいアイデアの創出等、組織の機能は十分発揮されていますか
3　部門間の軋轢はありませんか　権限や役割が明確でない部分はありませんか

⑵　組織構造の設計

　企業全体の組織構造は、経営資源の配分のあり方を決め、各機能の力の相互作用のあり方を決める基盤となる。よく知られているとおり、主なものとして機能別組織、事業部別組織があり、それぞれのメリット、デメリットがある。変化の激しい経営環境のもとにあっては、これらの階層型組織構造を基本としつつも、そのつど対処が必要となる経営課題・タスクに応じ、できるだけ機動的に動ける柔軟性も備えておく必要がある。職務権限を明確にして従来からの経営課題を安定的に解決する組織と、職務権限を柔軟に設定・運用して、新しい価値を創造する組織のハイブリッドな組合せが有効であろう。

　組織をフラット化し、経営直轄の司令塔組織を置き全社横断的にリソースを活用する権限をもたせるとか、課題に応じて各部門からメンバーを集めてタスクフォースやプロジェクトチームを編成し、円滑・確実に課題を解決していくアプローチも有効な選択肢となる。社員にとっても、通常のレポーティングラインとは別にプロジェクトチームのマネジメントをしたり多数関係者の利害を調整したりしてゴールを目指す経験は、「プロフェッショナル人材」としての力を伸ばす絶好の機会となるであろう（実際、筆者も、プロジェクトで揉まれた経験を糧に「大化け」した人を多く目にしてきた）。

　たとえば、最近話題になっている「ティール組織」（フレデリック・ラルー、英治出版、平成30年1月）は、一人ひとりが権限と責任をもって自発的に動き、互いに支え合う組織を指す。日本企業のなかにも、意思決定の効率化を目的として大胆な権限委譲に踏み切る企業も出てきているが、経験年数や能力・スキルの違いや、効率的な情報共有の観点からは、一定以上の人数規模の組織において職制の階層をすべてフラットにすることは現実的ではない。ティール組織の長所を取り入れたいとすれば、やはり、プロジェクトチームの活用を積極的に考えるべきであろう。いずれにせよ、必要かつ可能な範囲で部分的な導入から始め、効果検証を行うことが望ましい。

　参考まで以下に組織形態別の特徴について説明する。

① 機能別組織

機能別組織は、企業が有する機能ごとに部門を置く組織形態であり、機能ごとに権限・責任を付与し、各機能の能力と効率の最大化を目指す組織形態である（図表1－18）。

図表1－18　機能別組織のイメージ図

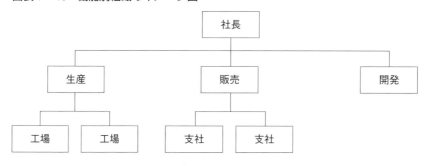

機能別組織のメリット・デメリットは以下のとおりである。

〈メリット〉
・機能ごとの専門性やノウハウを蓄積し、活用できる
・役割分担と意思決定プロセスが明確
・それぞれの機能において規模の利益が享受でき効率的
・機能部内の社員のキャリアパスが明確
・特に単品商売のビジネスにおいて効率的

〈デメリット〉
・部門間の障壁（セクショナリズム）が生まれやすく、部門横断的な連携がむずかしい
・内向きな発想になり、顧客対応が劣後するリスクがある
・部門間のローテーション機会が少ないと、全社的観点をもつ経営メンバーを育成しにくい
・性格の異なる事業が複数ある場合には、必要なリソースが異なりシナジーが利きにくいため、非効率的

② 事業部別組織

事業部別組織は、製品別・地域別・顧客別等の各事業が収益責任の単位となり、事業ごとの独自性発揮と成果の極大化を目指す組織形態である。一般的に、株式公開企業クラスになると、事業単位での組織設計をしている例が多い（図表1-19）。

図表1-19　事業部別組織のイメージ図

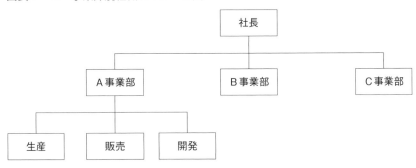

事業部別組織のメリット・デメリットは以下のとおりである。

〈メリット〉

・事業単位の権限・責任が明確
・顧客の業種・規模の違い、マーケット特性の違いに応じた迅速で適切な対応が可能
・製造・販売・研究開発等が一体となった取組みにより、マーケット志向が強くなる

〈デメリット〉

・製造・販売等に関して、異なる事業間で重複やコスト高を招きやすく、シナジーが利きにくい
・新しい事業の創出が困難になりやすい
・複数の事業全体の横断的な対応や、全社的なリソース配分がむずかしい

なお、事業部制と同じような形態のものに「カンパニー制」がある。カンパニー制は、それぞれの事業部に資本・資産を付与し、収益だけでなくバラ

40

ンスシートにも責任をもたせるかたちで社内分社化を行う組織形態である。
カンパニー制は、思い切った権限委譲によりマーケット対応をより迅速化することができる一方、カンパニー間の情報共有や人材交流がむずかしいといわれている。

③　マトリックス組織

マトリックス組織は、一つの組織単位が、機能別本部と事業別本部、あるいは事業別本部と地域別本部等の２つの本部に属し、２つの指揮命令系統を有する組織形態である。

一つの社内でマトリックス組織をもっている例は多くないと思われるが、複数のグループ会社間において、それぞれの社内の社長に連なる縦のレポーティングラインと、親会社の各機能の責任者に連なる横のレポーティングラインからなるマトリックス運営を行う例は珍しくない。また、海外に本社がある外資系企業において、日本国内の社長に連なる縦のレポーティングラインと、本社の各機能のヘッドに連なる横のレポートラインからなるマトリックス運営もよくみられる形態である（図表１−20）。

マトリックス組織は、各事業部門の独自性を活かしつつ、機能別の効率性や、各地域マーケットの特性も反映した運営を行うことができる一方、２つ

図表１−20　マトリックス組織のイメージ図

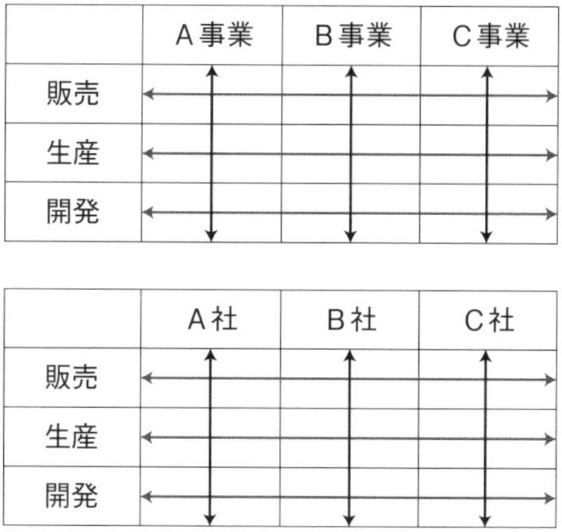

	A事業	B事業	C事業
販売			
生産			
開発			

	A社	B社	C社
販売			
生産			
開発			

のライン間でコンフリクトが生じたときの調整が困難といわれている。

日本に本社があり、海外現地法人との間でマトリックス運営を行っている企業グループにおいて、現地法人の独立性を確保し、コンフリクトを回避する観点から、機能別の横のレポーティングラインについては「Solid Line（実線）」ではなく「Dotted Line（点線）」と位置づけ、現地法人内の縦のレポーティングラインの意思決定を優先させる例もある。

④　タスクフォース／プロジェクトチーム

ここまで説明した事業部別組織等は一定期間固定的に設置されるものであるが、たとえばシステム開発・導入等の特定の目的を達成するため、特定の期間を区切って臨時的にタスクフォースまたはプロジェクトチームを設置することがある。その時々の重要な経営課題に対し、企業内の異なる組織単位から適切な人材を集め（必要に応じ、社外の専門家も活用して）、期間内の解決・完成を目指す、タスクベースの柔軟な組織形態である。とりわけ、企業の変革期においては、戦略的に意義の大きいイニシアチブを遂行するため、全社横断的な組織を設置することの意義は大きい。

(3)　業務分掌と権限設定

次のステップは、各組織単位の業務分掌の定義と権限の設定である。

各組織単位における部長・課長等の「職位（ポジション）」と・「職制（部長・課長・係長等、職位上下の体系）」を決め、各組織単位の業務分掌と権限を職位・職制に紐づける。

業務分掌は、全社レベルの戦略を分割して、各組織単位に落とし込んでいくかたちで設計を行う。まず本部レベル、次に部レベル、課レベルという順に、段階的にブレークダウンしていく方法で記述していくが、組織単位間の分掌が混乱したり、その調整を行う手間が発生したりするのを避けるため、原則としては、相互に重複がないよう、明確に書き分けをしていくべきである。各組織単位の業務分掌が明確にわかりやすく記述され、これらを足し上げると企業全体の戦略を網羅できているか、抜け漏れがないかを確認する必要がある。

上下間の業務分掌については、以下の3つの垂直分業のあり方に着目し、問題がないか検討することも重要である。

・戦略を考えるトップ
・問題解決と例外処理を行うミドル
・ルーティン業務を処理する現場

　戦略立案とルーティン業務については、原則としては、明確に分離すべきであるが、一方で、上下間である程度オーバーラップしていないと、社員が成長する機会がなくなってしまう欠点もあるので、そのバランスを考えなければならない。

　横の組織間については、分業・協働のシナジーが利く業務分担になっているか、という視点も重要である。実際に部門内・部門間の調整機能が円滑に働かない部分があれば、組織あるいは業務分掌の再設計を検討する必要がある。

　「タスクが部署と部署の間に落ちて、取り組む人がいない」というように、組織内で内向きの力が働き、機能不全となることも少なくない。この「組織のサイロ化」については、業務分掌に原因がある場合もあるが、社員の「仕事を拾いにいく姿勢」が欠けていることに原因があることも多い。この場合、企業として重視する価値観（バリュー）がはっきりしていない、または共有・浸透が不十分であることに真因がある可能性が高い。あるいは、その企業において評価されるべき姿勢・行動が不明確、という評価・処遇に関する問題の可能性もある。問題の所在を把握し、適切な解決策を検討する必要がある。

　権限については、各組織単位で、その業務分掌を実行するために必要な投資、経費の支払、取引実行に関する権限、社員採用・異動等の人事関連の権限等を設定する。承認可能な投資金額等の権限レベル設定については、各階層に応じて評価・判断すべき案件の重要性の大小と、金額規模に応じて想定される案件ボリュームをシミュレーションし、どの階層にいくらまで支払う権限を付与すれば有効かつ迅速な意思決定ができるのかを検討し、組織単位ごとに適正なレベル設定を行う。

⑷ 定員の設定

　次に、各組織単位の「定員」を設定する。各組織単位に設定した業務分掌・権限をふまえ、その遂行のために必要な人数と、職能資格区分または職務等級区分ごとの人数内訳を設定する。業務のAI化、RPA化、あるいはリモートワーク拡大といった要素を盛り込み、後述の「体系的業務プロセス」の見直しもふまえて人数の積み上げを行う必要がある。ラインマネージャーの管理スパン（マネージャー1人当りの部下の人数）については、一般的には、課長1人に対し、部下7〜10人が適正といわれることが多いが、その課が担う業務の多様性に応じて適切な管理スパンを検討する。

　組織単位の業務特性により、繁忙期と閑散期がある場合には、基本的には閑散期に対応しうる人数をもとに定員を設定すべきである。固定的にかかる人件費を抑制して、繁忙期には他部署からの応援や人材派遣等で柔軟に補充するのが望ましい。組織単位の業務によっては、求める専門性が高い、あるいは特殊なスキルが求められ、臨時的な人材補充がむずかしいケースもありうるが、この場合も、企業全体を見渡して、企業内で人材のやりくりがつかないか検討し、定員はできるだけ抑制的に設定すべきである。

　各組織単位またはマネージャー1人当りの管理スパンについては、海外でも「Spans & Layers」という言い方で組織階層とあわせて検討し、同業他社等とも比較して、より効果的・効率的な設定を探るケースが多い。可能であれば、このような他社状況との比較検討も有用であろう。

1.2.4　「体系的業務プロセス」の診断と設計

　「組織構造」に続く2番目の要素として、「体系的業務プロセス」の設計がある。「体系的業務プロセス」については、図表1－21記載のような項目に従って自社の状況を診断し、その結果をふまえて設計・再設計を行う。

1	重要な業務のプロセス（たとえば、顧客管理、新商品開発、リスク管理等）に関して、何がうまくいっていて、何がうまくいっていないでしょうか
2	意思決定や資源配分に関して、何がうまくいっていて、何がうまくいっていないでしょうか
3	事業の業務プロセスに関して、関係他部門との垣根を越えた連携はどの程度うまくいっていますか
4	事業が期待される結果を出すために、システムやプロセスの改善にどの程度取り組んでいますか
5	事業の戦略遂行に関して、適切なKPI（Key Performance Indicator）が設定され、適切なモニタリングが行われ、PDCAを回していますか

(1)　情報共有・意思決定プロセス

　「体系的業務プロセス」に関して、まず検討すべきは、情報共有・意思決定プロセスのルールである。

　組織構造の設計の段階で組織単位の業務分掌と権限を定めたが、この段階では、企業全体・部門内・部門ごとに、提案のプロセスとルール、報告のプロセスとルール、協議・決定のプロセスとルールを対象項目ごとに設定する必要がある。また、会議体についても、企業内・部門内・部門間の情報共有と意思決定に重要な役割を果たす機能であり、その目的、メンバー、審議・承認・報告事項の区分別に対象事項を決めるほか、開催頻度、事務局等を定める必要がある。

　このルールを決める際のポイントは、情報共有・意思決定の正確性・迅速性・効率性とリスク管理である。オペレーショナルリスクの発生リスクの高いプロセスについては、プロセスフローチャート（図表 1 -22）を作成し、ウォークスルーレビュー（一連の手順をサンプルを用いて試行し、思惑どおりに機能するか確認するシミュレーション）を行うことも効果的である。机上で策定したプロセスが、組織単位の権限や、後述する実際の人材配置により現実には十分機能しないことも多くあるため、プロセス設計については、一度で終わりではなく、不断のPDCAが必要となる。あわせて、デジタル化の進

図表1−22　プロセスフローチャート（例）

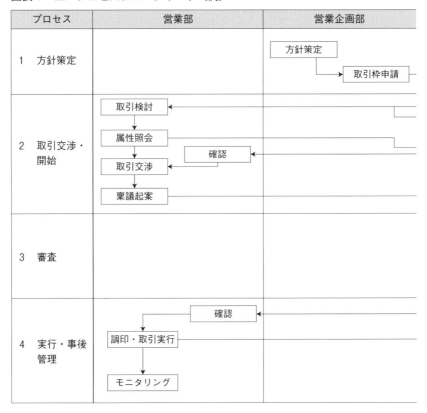

展を受け、さらに効率化できる余地はないか徹底的に見直す必要がある。ま
た、新型コロナウイルス感染症流行に伴うリモートワーク、非対面営業の拡
大といった環境変化に対応したプロセスとルールへの見直しも必要となる。

　この情報共有・意思決定プロセスの適切性が最も強く求められる場面の一
つとして、組織横断的な「プロジェクトチーム」（38、42頁参照）のプロジェ
クトマネジメントがある。たとえば、システム開発・導入のプロジェクトに
おいて、ユーザー組織のニーズ把握が甘く要件定義が不十分だったり、開発
部隊、運用部隊間の情報共有が不十分だったり、意思決定に関する責任の所
在が曖昧だったりして、プロジェクトの度重なる延期を招き、コストが大幅

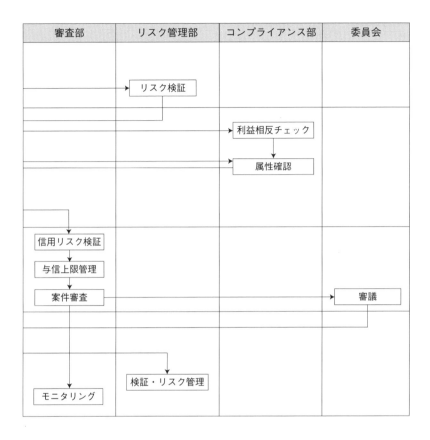

審査部	リスク管理部	コンプライアンス部	委員会
	リスク検証		
		利益相反チェック	
		属性確認	
信用リスク検証			
与信上限管理			
案件審査			審議
モニタリング	検証・リスク管理		

にふくれ上がり、あるいは、結局、開発に失敗するケースも少なくない。ねらいとする戦略実現のためには、プロジェクト運営に関するプロセス設計がきわめて重要である（もちろん、プロジェクトマネージャーの人選と、実際のプロジェクトマネジメントの質も重要）。プロセスをプロジェクトごとにつど決めるのではなく、プロジェクトの体制・タイムライン・予算・要件定義・開発スコープ設定・進捗確認・Go/No-Go判定・完了確認等に関する全社統一的な枠組みをつくっておくべきである。

⑵ 業務管理・リスク管理のPDCA

「体系的業務プロセス」に関しては、言うまでもなく、管理会計・財務会計、顧客管理、リスク管理等のシステムとプロセスも重要である。企業全体、あるいは各組織単位の業績・収益、財政状態を把握、記録、管理するため、売上げ、原価、費用、収益計算のデータを一元管理するシステムを構築するとともに、予算策定、原価計算、部門配賦、予実管理の実行主体、手順等のルールを策定する必要がある。また、顧客セグメント別に効率的な顧客管理を行うためのデータ管理システム、あるいは、信用リスク・流動性リスク・オペレーショナルリスク等を管理するリスク管理システムについて、各組織単位の業務・リスク特性と人員配置の状況もふまえ、必要に応じた体制を構築する必要がある。

適切な業績管理を行うためには、各組織単位が、業務分掌に定められた権限を適切に行使し、役割・責任を果たし、求められる業績を達成しているかどうかをチェックする必要があり、そのための指標として、売上げ・利益・費用・特許数等の適切なKPIを設定する。これにより、できるだけリアルタイムのモニタリングを行い、目指す状態との間にギャップがあれば、その根本原因を探り、適切な改善策を講ずるPDCAを回す体制をつくる必要がある。この業務管理プロセスとそのPDCAについても、AI、RPAを活用した、デジタル化時代に即した体制への見直しが必要である。また、それぞれの組織単位が保有する情報やノウハウ、ベストプラクティスを企業全体で有効活用するため、ナレッジ共有のデータベースを構築することが望ましい。

⑶ 人材マネジメントシステム

企業の事業を動かす「仕掛け」の3つ目として、事業を動かす人材を確保し、活用するための「人材マネジメントシステム」を構築する必要がある。

組織構造設計の段階で設定した職位・職制を前提に、どういう仕組みで社員を採用し、どういう仕組みで配置・異動を決めるか、あるいは、どういう仕組みで育成・教育するかといったルールとプロセスが重要である。

図表1-23　自社「人材マネジメント」チェックリスト

1	○○事業において必要な人材の獲得、育成、確保について、何がうまくいっていて、何がうまくいっていませんか
2	将来に向けて、新しく必要になるスキル・能力がありますか。そのスキル・能力はどの程度確保できていますか
3	○○事業の戦略遂行に関して、人材活用はどの程度うまくいっていますか
4	○○事業の戦略遂行に関して、人材育成はどの程度効果的に行われていますか
5	○○事業の戦略遂行に関して、その難易度に見合う報酬が社員に与えられていますか
6	社員の成果や行動に対し、十分報いることができていないとすれば、どこに原因がありますか

　「人材マネジメントシステム」については、図表1-23記載のような項目で自社の状況を診断し、その結果をふまえて設計・再設計を行う。

　「人材マネジメントシステム」については、わが国の多くの大企業等において、従来、新規学卒者を採用し、転勤や配置転換により内部育成・昇進させていく「ゼネラリスト」主体の人材マネジメントが主流であったが、デジタルトランスフォーメーションや経済のグローバル化のなかで、卒業年次や年齢に関係なく、高い専門性を発揮してお客さまに提供する付加価値を生む「プロフェッショナル人材」の確保・育成が必須となっている。また、リソースの買い手側の構造的な人手不足、リソースの売り手側のライフスタイルの多様化を受けて、勤務地、職務、労働時間等が限定的な「限定正社員」、非正社員、あるいは、ギグワーカー（インターネットを使って単発で仕事を請け負う労働者）やフリーランサーの活用をも含めた「多様かつきめ細かい人材マネジメントシステム」が必要になってきている。

　さらに、新型コロナウイルス感染症流行に伴ってリモートワークが拡大するなかで、個々の社員が担当する職務を明確化し、結果重視の処遇を行う「ジョブ型の人材マネジメント」への転換が論点となっており、人材マネジメントシステムのあり方は今後も大きく変化していくと思われる。このような状況下、各企業は、企業価値向上を目指し、より適切な人材マネジメント

システムを模索していく必要がある。この点については、第3章で詳述することとしたい。

1.2.5　現状の「人材」の診断と対応

　事業を行う「基盤」・「仕掛け」がそろったとしても、その仕掛けを動かす「人材」がいなければ、組織能力があるとはいえない。そこで、現状の「人材」について、図表1-24記載のような項目で自社の状況を診断し、その結果をふまえて必要な対応をとる。

　要するに、設定した定員に対し、現状の人材の質の面で過不足はないか、数の面で過不足はないか、ということであるが、質の面でオーバースペックというケースは、せっかくの人材を活用しきれていないという点で問題である。また、数の過剰は、たとえば、撤退すべきビジネス領域において経営課題になると思われる。このような点を確認し、問題があればその解消に向けた対応が必要である。

　この「人材」の現状確認については、とりあえず、経営者や組織単位の責任者の感覚で過不足を把握することでも足りるかもしれない。しかしながら、本来的には、各組織単位においてそれぞれの職位・職制に求められる能力や専門性と、実在者の能力・専門性を比較して、ギャップを検証する作業が必要である。また、企業価値を高めていくための第一の課題として掲げた「戦略的人材ポートフォリオの実現」に取り組もうとするのであれば、本格的な人材の現状確認が必要となる。その場合、人材の質・量を管理するため

図表1-24　自社「人材」チェックリスト

1	○○事業において、○○業務を行う人材の専門性やスキルに不足はありませんか
2	○○事業において、オーバースペックな人材配置の例はありませんか
3	○○事業において、業務プロセスを回すために必要な人材はそろっていますか
4	○○事業において、余剰人材を抱えていませんか

の「人材ポートフォリオ」設定・運用の枠組みを整備する必要があり、逆にいえば、そのような枠組みをつくることができれば、「人材マネジメントシステム」をさらに充実させることができる（人材ポートフォリオ設定・運用の枠組みについては第2章2.2参照）。

　また、人材の質・量に過不足がある場合には、「採用・配置・教育・評価・処遇」の人材マネジメントサイクル（第3章75頁以下参照）のなかで解決していくこととなる。

1.2.6　制約条件に応じた再検討

　ここまで説明してきたとおり、企業価値を高めるためには、その前提として「組織能力」を形成・強化するための3要素、すなわち、「基盤」（組織構造）・「仕掛け（体系的業務プロセス）」・「人材」をそろえ、適切に組み合わせる必要がある。ただ、実際には、すべてを経営者の思惑どおりにそろえるのはむずかしく、どこかがボトルネック（制約条件）になるのは当然である。典型的には、組織、プロセスは設計できたとしても、求めるスペックを満たす人材がそろわない、ということがある。そのような場合、ボトルネックの存在を前提にして、あらためて「組織構造」「体系的業務プロセス」を見直す必要がある。理想を追い求めてかたちだけつくっても機能しない。

1.2.7　企業理念・企業の価値観（バリュー）による統合・方向づけ

　「基盤」・「仕掛け」・「人材」をそろえるというと、部品を組み立ててロボットをつくるような印象があるかもしれない。たしかにそのとおりで、部品がバラバラにならないようにするためにはロボットの背中に一本、軸が必要となる。この全体をまとめるバックボーンとなるのが、「企業理念」あるいは「企業の価値観（バリュー）」である。とりわけ大胆な構造改革を進めようとする場合には、経営トップ、あるいは経営企画、人事等の責任者だけ

でなく、全部門の責任者がおおもとの理念、価値観の共通理解・共感のうえに立ち、改革の目的・意義を十分に共有し、一枚岩になって臨むことが重要である。

また、今後、企業が「ダイバーシティ経営」に取り組み、その結果、より多様な個性・多様な価値観をもつ社員が増えていくとすれば、組織の「基盤」・「仕掛け」・「人材」を束ねるため、企業が目指す「夢」や「志」の共有がよりいっそう重要となる。

たとえば、フラットな組織構造で、大胆な権限委譲による分権化を進め、チャレンジすることを高く評価し、チャレンジする人を抜擢する組織をつくるのであれば、バックボーンとして、「創造性を重視し失敗を恐れない」志と行動を奨励する価値観（バリュー）の浸透・共有が必要である。

企業の価値観（バリュー）については、たとえば、リッツカールトンの「クレド（信条）」が有名である。「お客さまへの心のこもったおもてなしと快適さを提供することが最も大切な使命」「お客さまが言葉にされない願望やニーズをも先読みしてお応えするサービスの心」という「クレド」のもと、顧客のわずかな言葉や態度を見逃さず、先読みをしてタイミングよくサービスを提供することが奨励される。言葉だけでなく、1日2,000ドルの決済権が社員一人ひとりに与えられ、迅速かつ的確なサービスにより顧客に「感動」を提供することが文化として根づいているといわれている。

また、アメリカのeBay（オンラインオークションサイト提供企業）の例をあげると、ニューヨークで9.11の事件が起きた時、当時のメグ・ホイットマン社長が社員の安否確認、システムの安全確認に加えて義援金提供のためのオークション開始を社員に指示したところ、社員から「もう話を進めている」という返事があり、「社会貢献を重視する価値観が浸透していることを誇りに思った」という逸話を聞いたことがある。ちなみに、この募金活動は「Auction for America（アメリカのためのオークション）」と呼ばれ、4カ月間で10万人以上から1,000万ドル以上を集めたようである。

企業の価値観に関しては、経営トップの言動が重要であり、タウンホールミーティング等において経営者が社員に向けて繰り返し語るだけでなく、そ

の価値観に合致した社員の行動を認知し賞賛する、あるいは処遇に反映する等して浸透させる必要がある。「顧客起点の行動」「新規課題への果敢な挑戦」といった企業理念・価値観の要素を重視し、それを体現する社員の行動をアワードや処遇で報いる。このような運用を通じて、日常的に社員が実際に理念・価値観を体現する経験を蓄積していくことで企業文化が醸成され、企業のブランドともなる。

　注意しなければならないのは、企業の価値観についての経営者の思いが中途半端だと、社員から「言っていることとやっていることが違う」と不信をもって受け止められるリスクである。たとえば、「当社は人を大事にする会社です」と会社案内には大きな字で書いてあるのに、経営者が口を開くと数字の話ばかりでは、「人を大事にする」というのが「偽善」だと社員に見透かされ、経営に対する信用を失うことになる。また、社長が数字の話ばかりするような会社では、中間管理職も当然業績偏重となり、内部管理がなおざりになる傾向がある。

　そのほかにも、損益分岐点が高く、売上げ計上に重きが置かれている会社、あるいは、収益の波が大きく安定性のない会社の現場などではノルマ営業が横行し、企業の価値観が「高邁な現実離れした」ものとして風前の灯火になる傾向がある。こういう現場においては、中間管理職の経費の使い方が荒かったり、コンプライアンス面の規律が弱かったりして、内部通報につながることもある。内部通報は、このような事態における事実上の注意警報であることも多いので、経営者としては「適切なリスク管理」の観点から留意が必要である。

　そのほか、よくある例としては、「風通しがよい風土」といいながら、「仲良しクラブ」と社外からも評されるような企業がある。指示されたことは確実にこなすが、変革には甘く、なれ合いがあったり、マネジメントに統制がなく放任になったりしている企業であることが多く、「仲良しクラブ」という言葉は決して褒め言葉ではないので注意が必要である。

　企業文化（組織風土）は、企業理念・価値観が社員に共有され浸透することによって醸成される社員共通の行動スタイル、あるいは一種の空気感であ

るが、経営者の思いと実態にギャップがあることが多い。社員の意識調査や
インタビュー、あるいはお客さまサーベイ等を通じて、経営者が浸透させた
い価値観が本当に現場に根づいているか、事業運営のバックボーンとして息
づいているかを確認し、問題があれば手を打つべきである。企業価値向上の
ためには、この検証作業は欠かせない。

　今後は、イントラネット、ソーシャルメディア、社内文書等のテキスト分
析、社員の顧客との会話や社員間のやりとり等、社員の日常生活の言動を
AIにより分析するツールが有用になるかもしれない。

◆ 参　考 ◆

金融業界の企業文化

　企業文化については、金融庁「コンプライアンス・リスク管理基本方針」に
も以下のような記述があり、この趣旨は金融業界のみならず、それ以外の業界
にも当てはまるものと考えられる。「企業文化は、コンプライアンス・リスク
管理に関する経営陣や中間管理者の姿勢及び内部統制の仕組み全体に通じる、
いわば屋台骨をなすものである。健全で風通しのよい企業文化が醸成されてい
ればコンプライアンス・リスクの抑止につながる一方、収益至上主義あるいは
権威主義の傾向を有する企業文化がコンプライアンス上の問題事象を誘発する
こともある」「人事・報酬制度は、個々の役職員へのインセンティブとして作
用し、そのあり方は、役職員の行動に大きく影響を及ぼす（中略）。そのた
め、（中略）あるべき企業文化と整合的な形で人事・報酬制度を設計し、実際
に運用することが重要（である）」

　ちなみに、イギリスにおいても、金融行為規制機構（Financial Conduct Au-
thority：FCA）が、2007年以降の金融危機等に伴い失墜した金融機関の信頼回
復に向けた取組みの一環として、企業文化再構築の重要性を強調している。企
業文化をかたちづくるキードライバーとして、ガバナンスのほか、リーダー
シップ、報酬や人材マネジメント等を掲げ、金融機関がこれらのキードライ
バーの改善により、健全で持続可能な企業文化への変革を起こすよう促してい
る。また、よりよい企業行動に向け変えていくためには、「ダイバーシティ＆
インクルージョン（D&I）を醸成する文化が重要」といっている。

第 **2** 章

戦略的人材ポートフォリオ実現の
ための必要条件

2.1　2つの必要条件

　第1章において、企業価値を高めるための3つの取組課題を設定し、その課題に取り組む前提として、「組織能力」の要素、すなわち「組織構造」・「体系的業務プロセス」・「人材」の現状を確認し、問題の所在に応じそれらを再構築・強化するアプローチを説明した。

　次の手順は、第一の課題として設定した「戦略的人材ポートフォリオの実現」に向け、その必要条件を整えることである。必要条件の1つめは、人材ポートフォリオ設定・運用の枠組み、2つめは、必要な人材を惹きつけ、流出を避けるための働きやすさとエンゲージメントの向上である。

　以下、この2つについて説明することとしたい。

2.2 人材ポートフォリオ設定・運用の枠組み

「戦略的人材ポートフォリオ」を実現するためには、あるべきポートフォリオと現状のギャップを「見える化」し、ギャップ解消に向けた進捗状況をモニタリングし、必要な対策をとるための枠組みが必要となる。

2.2.1 要員計画と人材要件の設定

「戦略的人材ポートフォリオ」を実現するためには、「必要な人材を必要なだけ確保する」必要がある。戦略を達成するために必要な人数と人材像を明確にしないまま、やみくもに採用しても、質・量の過不足が生じて非効率になってしまう。必要な人員の質・量を精査して「要員計画」を策定し、一方で、現状の人員の質・量を確認して所要人数と実在人数のギャップを明確化し、そのギャップ解消に向けたPDCAを回していく必要がある。たとえば、3年間の中期戦略があるのであれば、3年後の所要人数を設定する中期の要員計画と、その過程としての単年度の要員計画を作成するのが望ましい。

所要人数については、戦略を達成するために必要とする、業務領域別のプロフェッショナル人材の「人材要件」（能力・専門スキル、経験等）を定義し、その要件を満たす人材の必要数を設定する。今後の戦略実現に向けて確実に必要な人材を確保するためには、この人材要件と所要人数に基づく人材ポートフォリオ管理が必要不可欠である。

人材ポートフォリオのモデル

人材ポートフォリオについては、シンプルに全社同一の2つの軸で検討するモデルがある。1つめの例は、「求める知識・技能レベル」の高低、「求める知識・技能の特殊性」の高低の2軸・4象限に分類するモデルである（図

図表2−1　人材ポートフォリオのモデル例1

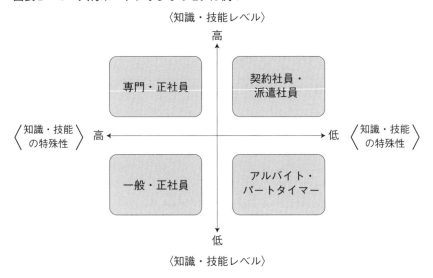

表2−1）。

　このモデルは、事実上、雇用形態別の分類を行うのとほぼ同じことになるが、従来、「人材ポートフォリオ」というと、このような雇用形態別の人数分布が主流だったと思われる[1]。契約形態別の管理を必要とする企業であればもちろん有効なモデルであるが、戦略達成に向け、各業務領域における「プロフェッショナル人材」を確保するための枠組みとしては、物足りないのではないか。

　2つめの例は、「個人ベースで仕事する人材か」「組織で仕事をすることが求められる人材か」「新しいものを創造する人材か」「既往の仕組みを運用する人材か」という観点から「個人」対「組織」、「創造」対「運用」の2軸を置き、「組織」×「創造」のカテゴリーを「マネジメント人材」、「個人」×「創造」のカテゴリーを「オフィサー人材」、「組織」×「運用」を「オペ

1　たとえば、「多様な就業形態と人材ポートフォリオに関する実態調査」独立行政法人労働政策研究・研修機構（平成26年12月）は、正規社員・非正規社員の別の観点から調査を行っている。

図表2-2　人材ポートフォリオのモデル例2

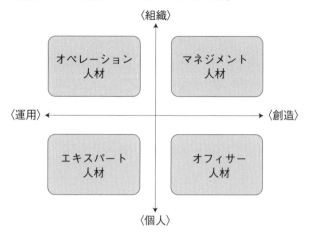

図表2-3　人材ポートフォリオのモデル例3

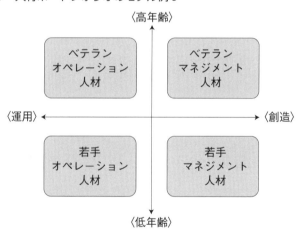

出典：図表2-2、2-3とも「『人材ポートフォリオ』をとに
　　　かくわかりやすく解説！～設計手順も紹介～」米田彩香
　　　（人事ZINE）
　　　https://jinji-zine.jp/human-resources-portfolio/

レーション人材」、「個人」×「運用」を「エキスパート人材」と呼び、これ
ら4象限の区分でそれぞれの人数分布の過不足を検討するモデルである（図
表2-2）。

また、このうちの「創造」対「運用」軸に「年齢の高低」の軸を組み合わせることで、たとえば、「若手のマネジメント人材が不足しているので補充が必要」といった使い方をする例もある（図表2－3）。

　3つめは、日立製作所の例である。日立製作所のシステム＆サービスビジネス統括本部は、社員の適性検査結果等をもとに、「優秀」「とがっている」人材の特徴を抽出・分析し、人材タイプを2軸4象限で分類し、この4分類により人材の過不足を可視化することで、優先して採用すべき人材タイプと人数を明確にしている（図表2－4）。具体的には、従来、課題解決型人材が多く、価値創造型人材がわずかだったので、価値創造型人材を新卒採用段階から優先的に確保していきたいと考え、そのような人材をピンポイントで採用するための質問項目設定や面接者トレーニングを行い、人材比率を変えることに成功しているという[2]。

　この日立製作所の例にみるような2軸4象限のアプローチは、一定の業務

図表2－4　日立製作所の人材ポートフォリオモデル（イメージ）

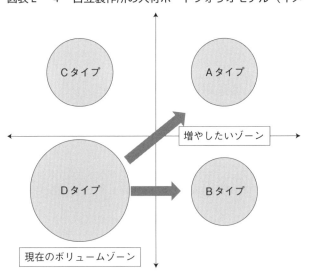

2　「HRテクノロジーで人事が変わる」（労務行政、平成30年9月）56頁以下参照。

分野における新卒採用のための活用ツールとして有効であろう。

2.2.2　業務領域ごとの所要人数設定

「人材ポートフォリオ」の管理・運用については、業務領域ごとの「人材要件」と「必要人数」の設定がカギとなる。このうち、所要人数については、制約条件のない理想的な状況であれば、「組織単位の全員がプロフェッショナル人材」という意欲的な所要人数を設定し、それを目指すというのもありえないわけではないが、「トップクラスの人材しか採用しない」というネットフリックスのような会社でもなければ、いうまでもなく非現実的である。企業内の実在者は限られるため社外から調達・確保しなければならないが、社外にも候補者が豊富に実在するわけではなく、仮に採用が実現したとしても報酬が高く人件費がかさんでしまう。

したがって、所要人数を設定するにあたっては、戦略を遂行するために必要なプロフェッショナル人材と、その要件に未達の人材それぞれの所要人数を業務領域ごとにボトムアップで積み上げるとともに、許容できる人件費総額内で可能な人数配分を検討するトップダウンのアプローチも併用し、相互にすり合わせて合理的な所要人数を設定する必要がある。このとき、より精緻に将来の人件費を見込むためには、昇給率・昇格率等、将来の変動要因も加味したシミュレーションを行う（なお、もし、人件費の見込みが損益計画上大きくなりすぎるようであれば、別途、組織構造の見直し、管理スパンの見直しによる管理職数削減、その他の人件費削減策が必要になる）。

所要人数の設定にあたってもう一つ重要なのは、業務効率化と生産性の向上の見込みを検討し、反映することである。

まず、間接部門[3]の効率化を見込む必要がある。「直間比率（直接部門の人数と間接部門の人数比率）」をみて、同業他社と比べて間接部門の人数割合が大きすぎないかを確認する。大きすぎる場合、①事業部ごとに分散している

3　ここでは、収益を生む製造・営業等を直接部門と呼び、経営企画・人事・財務・総務・システム・コンプライアンス・広報・監査等を間接部門と呼んでいる。

間接部門機能があれば、これを集約する、②システム化やプロセスリエンジニアリングにより、人手による業務量を削減する、③アウトソーシングする、といった方策による間接部門の効率化を検討し、その効率化策により期待される効果を所要人数設定に反映する。

　また、直接部門についても、営業力・販売力、技術力、自社ブランド、顧客満足度の向上によるリピーター獲得力、財・サービスの供給能力、利便性（インターネットを活用した電子取引の強化等）、品揃えやサービスの種類拡充、特許などの知的財産、新製品・サービスの開発等による1人当たりの生産性向上（売上額・収益額の増加）を見込んだうえで、求める売上額、あるいは収益額から所要人数を逆算する。

2.2.3　所要人数と実在人数のギャップ把握と打ち手検討

　以上のように、所要人数を検討・設定する一方、各組織単位に実在する社員について、能力、スキル等の水準を評価・測定し、プロフェッショナル人材とそれ以外の人材の実在人数を把握する（このレベル別の人数把握にあたっては、後述（128頁）の9ボックスを活用する）。このようにして所要人数と実在人数を比較し、そのギャップを明確化する。

　このギャップの内容に応じて、たとえば、「○○の業務領域においては、○○という経験、能力、スキルをもったプロフェッショナル人材の所要人数が10名のところ、現在5名しかいない。残りの5名は採用する必要があるが、採用力からみて現実的ではないので、その要件に近い人材を2名中途採用し、そのほかは若手社員を育成してまかなう」といったかたちで、具体的な外部採用や、内部の異動・育成等の打ち手を検討する（図表2－5）。専門性のきわめて高い分野や新規事業においては、外部の人材に業務委託することも選択肢の一つとなるであろう。

　このように、所要人数と実在人数のギャップを把握し、打ち手を検討、実施し、その打ち手の効果検証を行う。このサイクルを繰り返し、ギャップ解

図表 2 - 5　人数ギャップ把握と打ち手検討の枠組み

組織単位	業務領域	プロフェッショナル人材の人材要件	要件充足レベル	●年後の所要人数 a	現在の実在人数 b	ギャップ c＝b－a	ギャップ解消に向けた打ち手（例）
○○	○○	………	◎				外部採用
			○				▲▲部から異動
			△				OJTで育成
	●●	……	◎				外部専門家に委託
			○				
			△				
	□□						

消に向けたPDCAを回していく。以上の枠組みにより、「戦略的な人材ポートフォリオ」の実現を目指していく。

働きやすさと
エンゲージメントの向上

　「戦略的人材ポートフォリオの実現」を目指すにあたり、前述の「人材ポートフォリオ設定・運用の枠組み」によって必要な人材を明確化し、打ち手を検討できたとしても、そのような人材を実際に確保できなければ絵に描いた餅にすぎない。「必要な人材を必要なだけ確保する」ための実質的な要件として、必要な人材を惹きつけ、社外流出を避ける必要がある。そのためには、必要な人材の「現状の満足度」を高め、「将来の期待」を引き上げ、他社転職を思いとどまらせるための「スイッチングコスト」を大きくすることが重要である。

2.3.1　働きやすさ

　このうち、社員の「現状の満足度」を引き上げるための一つの要素は、企業・職場における「働きやすさ」であろう。それでは、どういう企業であれば、社員が「働きやすい」と思うのであろうか。この点、「令和元年版労働経済白書」の分析をふまえると、「働きやすさ」を満たすかどうかの最も基本的なチェック項目は図表2−6にあげた3つである[4]。

図表2−6　「働きやすさ」の基本的チェック項目

1	職場の人間関係やコミュニケーションの円滑化に努めていますか
2	有給休暇の取得を促進していますか
3	能力・成果等に見合った昇進や賃金アップを行っていますか

　このほかにも、「働きやすさ」のチェック項目として、図表2−7記載の項目があげられる。

図表2－7　「働きやすさ」のその他のチェック項目

4	業務遂行に伴う裁量権を拡大していますか
5	人事評価に関する公正性や納得感の向上に努めていますか
6	社員間の不合理な待遇格差解消に努めていますか
7	経営戦略の情報や、部門・職場での目標について、社員に共有・浸透を図っていますか

　「ワークライフ・バランス」も「働きやすさ」の要素となる。この観点から、図表2－8の6項目も要チェックである。

図表2－8　ワークライフ・バランスに関連する「働きやすさ」チェック項目

8	労働時間を短縮したり、働き方を柔軟にしたりしていますか
9	休暇や急な早退等を申請しやすい職場の雰囲気を醸成していますか
10	時間単位、半日単位など柔軟な有給休暇取得制度を導入または推進していますか
11	仕事と育児・介護との両立を支援していますか
12	テレワーク等の柔軟な働き方を導入または推進していますか
13	兼業・副業を推進していますか

　以上みたとおり、「企業価値を高めるための取組課題」の3つめに掲げた「ダイバーシティ経営・健康経営」に関する項目も、「働きやすさ」の要素に含まれている。

2.3.2　エンゲージメントの向上

　必要な人材を惹きつけ、社外流出を避けるための要件としては、「働きや

4　「令和元年版労働経済白書」は、「働き方をめぐる課題」として、「働きやすさ」と「働きがい」に重点を置いている。本書のこれ以降の「働きやすさ」「エンゲージメント」に関する記述は、令和元年に独立行政法人労働政策・研究機構が全国の従業員20人以上の企業2万社とその正社員を対象に実施した調査結果（有効回収数：企業調査4,599件（有効回収率：23.0%）労働者調査1万6,752件（有効回収率：16.4%））をもとにして、「労働経済白書」が行った分析を参考にしている。

すさ」だけではなく、その企業・職場の「将来への期待」の要素も含めた「働きがい」も重要な要素である。また、社員にとっての「働きがい」が大きければ、他社に移ってその働きがいを失うリスク（スイッチングコスト）も大きくなり、流出抑止効果が働くことになる。

前述したとおり、わが国では、短期的には新型コロナウイルス感染症の流行拡大の影響等、景気動向による労働需給の変動はあるにしても、趨勢的にみれば、少子高齢化による構造的な人手不足状況にある。この人手不足が企業経営にもたらす影響について、多くの企業において、人手不足が社員の「働きがい」や意欲の低下を招き、これが、商品・サービスの品質低下といった支障にもつながっているといわれている。このような状況下、企業にとって、社員が「働きがい」をもって働ける環境の整備がますます重要な課題になっている。

「働きがい」については、「エンゲージメント」という言葉が一般的になりつつある。エンゲージメントは、「組織と個人が一体となって互いの成長に貢献し合う関係」のもと、「社員が『自分の成長や働きがいを高めることは組織の価値を高める』、『組織が成長することが自分の成長や働きがいを高める』という考え方で仕事をし、それを実感している状態」である[5]とか、「自分が所属する組織と自分の仕事に熱意をもって、自発的に貢献しようとする社員の意欲」[6]といわれている。

また、エンゲージメントについては、最近では、オランダのシャウフェリ教授等が提唱する「ワーク・エンゲージメント」という概念が引用されることが多い。この「ワーク・エンゲージメント」は、「仕事に関連するポジティブで充実した心理状態」であり、「活力」・「熱意」・「没頭」の3つがそろった状態である。「活力」は「仕事から活力を得て活き活きとしている」、「熱意」は「仕事に誇りとやりがいを感じている」、「没頭」は「仕事に集中して取り組んでいる」心理状態を意味している。

5　「学習する組織　現場に変化のタネをまく」高間邦男（光文社文庫、平成17年）参照。
6　「エンゲージメント経営：日本を代表する企業の実例に学ぶ人と組織の関係性」柴田彰（日本能率協会マネジメントセンター、平成30年）参照。

「労働経済白書」の分析によれば、ワーク・エンゲージメントは、①組織へのコミットメント（企業理念等の理解に基づく企業風土への好感）、②新入社員の定着率向上、③離職率の低下の3項目との間で統計的に有意に正の相関があることがうかがえる。

　また、より直接的に、ワーク・エンゲージメントと企業の労働生産性の間に統計的に有意に正の相関があることが確認されている。換言すれば、「ワーク・エンゲージメントは、企業価値を向上させるための重要な要素」といえる。

ワーク・エンゲージメント向上の3要素

　それでは、ワーク・エンゲージメントを向上させるためには、何をすればよいのだろうか。前出のシャウフェリ教授等によれば、ワーク・エンゲージメントを向上させる要因は、「仕事の資源」「個人の資源（心理的資本）」「仕事の要求度」の3つとされている（図表2－9）。

「仕事の資源」の要素

「労働経済白書」の分析をもとに、「仕事の資源」に関してワーク・エンゲージメント向上に資する施策を抽出し、チェック項目のかたちで列挙すると図表2－10のとおりとなる。採用、配置、育成、評価、処遇等の人材マネジメントに関する項目、および、ワークライフ・バランス、両立支援、社内コミュニケーションと広範にわたる。「企業価値を高めるための取組課題」の3つめに掲げた「ダイバーシティ経営・健康経営」に関する項目も含まれている。

　このうちいくつかは、前述の「働きやすい企業」かどうかのチェック項目と重なるが、これらの項目を満たすことは、ワーク・エンゲージメントとの間でも、統計的に有意な正の関係があるとされている[7]。

　なお、社員の年収とワーク・エンゲージメントの関係については、39歳以下の正社員については年収増加に伴いワーク・エンゲージメントが向上する

7　「令和元年版労働経済白書」216頁参照。

図表2－9　ワーク・エンゲージメント向上の3要素

```
1　仕事の資源
　・就業条件（キャリア開発の機会、雇用の安定性など）
　・対人関係や社会関係（上司によるコーチング、社会的支援など）
　・組織での仕事の進め方（意思決定への参加、裁量権など）
　・課題（仕事のパフォーマンスに対するフィードバック、正当な評価など）
2　個人の資源（心理的資本）
　・成長実感（個人の成長に関するポジティブな心理状態）
　・自己効力感　楽観性（現在・未来の成功について、ポジティブに考えるこ
　　と）
　・レジリエンス（問題や逆境に悩まされたときも、成功するために屈せず、
　　立ち直り、乗り越えること）
　・希望（目標に向かって粘り強く取り組み、必要があれば目標達成までの道
　　のりを軌道修正すること）
3　仕事の要求度
　・仕事のプレッシャー
　・対人業務における情緒的負担
　・精神的負担
　・肉体的負担
　・役割の過重
```

ものの、40～50歳以上の場合には大きな変動はみられない。この点、労働経済白書の分析によれば、39歳以下については、年収増加を通じて、仕事のなかでの成長実感や自己効力感の高まりによる効果をとらえている可能性があり、「年収とワーク・エンゲージメントには相関がみられない」[8]。

　ハーズバーグの動機づけ理論を引用していわれるとおり、報酬は衛生要因であり、単に年収を上げたからといって目覚ましく社員のモチベーションが上がるわけでない、というのと整合的な分析といえるだろう。

　この結果からみれば、経営者が社員のエンゲージメントを上げたいからといって年収を上げて人件費を増やす必要はなく、仕事のあり方や職場環境の改善でワーク・エンゲージメントを十分改善できる可能性はある、というこ

---

[8]　「令和元年版労働経済白書」185頁参照。

図表2−10　ワーク・エンゲージメント向上施策チェックリスト

1	採用時に職務内容を文書で明確化していますか
2	本人の希望をふまえた配属、配置転換を行っていますか
3	業務遂行に伴う裁量権を拡大していますか
4	職場の人間関係やコミュニケーションの円滑化に努めていますか
5	人材育成方針・計画を策定していますか
6	優秀な人材を抜擢・登用していますか
7	キャリアコンサルティング等により、将来展望の明確化を支援していますか
8	指導役や教育係（メンター）を配置していますか
9	人事評価に関する公正性・納得性の向上に努めていますか
10	能力・成果等に見合った昇進や賃金アップを行っていますか
11	社員間の不合理な待遇格差解消に努めていますか
12	中期計画等にワークライフ・バランスに関する目標を盛り込んでいますか
13	労働時間を短縮したり、働き方を柔軟にしたりしていますか
14	有給休暇の取得を促進していますか
15	仕事と育児の両立支援、仕事と病気治療の両立支援を行っていますか
16	育児・介護・病気治療等により離職した社員の復職支援を行っていますか

とになる。

「個人の資源（心理的資本）」の要素

　次に、「個人の資源（心理的資本）」に関しては、社員が図表2−11記載のような状態にあることが、ワーク・エンゲージメントとの間で統計的に有意な正の相関があるとされている[9]。

図表2−11　ワーク・エンゲージメントと正の相関ある「個人の資源（心理的資本）」

- ・働きやすさに対して満足している
- ・自己効力感（仕事への自信）が高い
- ・仕事の裁量度が高い（仕事を進める手段や方法を自分で選べる、仕事を通じて成長できていると感じる）
- ・仕事遂行にあたっての人間関係が良好
- ・勤め先企業でのキャリア展望が明確になっている
- ・職場にロールモデルとなる先輩社員がいる
- ・仕事から疲労回復するのに十分な長さの余暇時間がある

このことから、職場の人間関係やコミュニケーションの円滑化、有給休暇の取得促進、労働時間の短縮や働き方の柔軟化等により「働きやすさ」を向上させるとともに、仕事を通じて、社員が「成長実感」や「自己効力感（仕事への自信）」をもつことのできる環境を整備することが、ワーク・エンゲージメントを向上させるために重要な要素であることが示唆される。

　この、社員が成長実感をもつ環境整備のためには、上司の部下へのかかわり方ががカギとなる。上司が図表2−12記載のような行動をとっているかどうかを確認し、不十分、不適切な場合には早急な改善に向けたマネジメント教育が必要となる。

図表2−12　上司の部下とのかかわり状況チェックリスト

1　上司と部下との間で、達成のためにある程度の努力を要する難易度の目標が設定されていますか
2　上司は、部下の日常業務についてのフィードバックを週に1度、あるいは1カ月に1度等、適切な実施頻度で実施していますか
3　上司は、部下の具体的な行動について、行動した内容の重要性や意義を説明し、行動した直後に褒めていますか
4　上司は、部下の今後のキャリア展望や働き方の希望について、部下との間でしっかりと話し合い、意思疎通を図っていますか

「仕事の要求度」の要素

　最後に、「仕事の要求度」に関しては、AI導入により定型的な作業が減少する一方、非定型的な業務が増加して社員に求められるタスクが高度化すると、これに伴い、ワーク・エンゲージメントは向上するといわれている[10]。仕事の精神的・物理的な負担は、一般的には、ワーク・エンゲージメントにとってネガティブな要因となるが、仕事のアサインの仕方によっては、挑戦しがいのある仕事、個人の成長を促進する機会となりうるので、工夫の余地はある。

9　「令和元年版労働経済白書」215頁参照。
10　「AIと雇用」山本勲（「経済教室」日本経済新聞、令和元年7月4日）、「令和元年版労働経済白書」177頁参照。

また、ワーク・エンゲージメントは、仕事中の過度なストレスや疲労との間では、統計的に有意な負の相関が確認されており、ワーク・エンゲージメントを向上させることによって、過度なストレスや疲労を減じる方向に作用する可能性がある。ただし、一方で、ワーク・エンゲージメントが高い社員は、ワーカホリズム（働き過ぎ、または、働くことに脅迫観念がある状態）に陥りやすい傾向があることから、仕事のアサインの仕方に加え、「働き過ぎを称賛しない」点にも留意が必要である[11]。

社員のエンゲージメントの程度については、年1回程度の「エンゲージメント・サーベイ」を実施し、他社比較、部署間比較、経年比較を行って、問題点の把握、対策の検討・実施を行うことが望ましい。

Great Place To Work Institute Japanが選ぶ「働きがいのある会社」ランキング（社員100〜999人の中規模部門）で2年連続1位となった株式会社コンカーでは、四半期に1度、社長が全社員に対し、戦略や事業状況・課題等を説明する。年に1度の「コンストラクティブ・フィードバック」により、全社員から会社・他部門・上司の強みと要改善点を聞くほか、四半期に1度の「パルスチェック」により、仕事・組織・心身・やりがいの観点から、社員の状況を定期的に把握して、対策を講ずる。また、社員有志で横断的な課題解決に取り組む「タスクフォース」により連帯感を醸成している[12]。

2.3.3　エンプロイー・エクスペリエンス

「働きがい」に関連して、「エンプロイー・エクスペリエンス」という概念も広まりつつある。「エンプロイー・エクスペリエンス」は、「その企業で働くことで得られる価値ある体験」を意味し、その価値の高さは、その企業で働く意味、担う仕事、一緒に働く上司や同僚、および認知・賞賛・報酬の程度により決まってくる。経営者が企業のミッションや将来のビジョンを発信

11　「令和元年版労働経済白書」202〜208頁参照。
12　RMSMessage vol.57（リクルートマネジメントソリューションズ、令和2年2月）21
　　頁参照。

し、顧客重視の姿勢を明確に示す。マネージャーが部下一人ひとりの強みを見抜き、仕事の意味づけを行い、率直な議論により相互の信頼関係を築く。これにより、社員は、組織のミッション、ビジョンに共感し、上司・同僚との信頼関係、チームワークに支えられ、健康的な職場において成長機会や達成感を得ることができる。

　経営環境の大きな変化に対し、多様な人材を確保して戦略的人材ポートフォリオを実現するためには、社員だけでなく、社外の有為な人材を惹きつけ選ばれるために、企業が社員に対し提供する価値を高め、その価値を社外にも発信する必要がある。とりわけ最近のミレニアル世代（1980年初頭から1990年代中盤に生まれたデジタルネイティブの世代）以降の社員は、「もっと成長できる環境で働きたい」「将来に備えて、必要な知識・スキルを（企業に与えられるのを待たずに）身につけたい」という理由で早々に退職することを厭わない傾向がある。このような人材を惹きつけるためにも、社員への提供価値を高める必要がある。たとえば、図表2－13記載のような取組みも、エンプロイー・エクスペリエンスの向上につながると思われる。

　なお、最近では、社員の電子メール内容から仕事満足度を分析し、チームまたは個人レベルの業務環境を検証することも可能になってきている。このようなAIツールも活用してエンプロイー・エクスペリエンス向上を図ることが、今後、一般的な検討事項になっていくものと考えられる。

図表2－13　エンプロイー・エクスペリエンス向上につながる取組み

- 上司から部下に対する対話と目配りのため、上司が、年間を通じてメンバー一人ひとりと1対1で対話できる範囲の管理スパンを設定する（44頁参照）
- 上司がメンバーを理解しサポートするための情報支援ツールを導入する
- HRテクノロジーを活用し、社員の個別ニーズにあわせた学習機会を提供する
- 部下が自分の仕事をコントロールできる裁量を増やし、意欲的に仕事する機会を与える
- 主所属のチームで安定した仕事を担当しつつ、同じ企業内での副業を認め、別のチームでも活躍できる機会を与える
- 月1回等の頻度で5～6問程度の「パルス・サーベイ」を実施して社員の声を把握し、浮き彫りになった組織課題をタイムリーに解決する

第 3 章

人材マネジメントの思考と実践

3.1 人材マネジメントに期待される機能

　第2章で説明したとおり、企業価値を高めるための第一の取組課題である「戦略的人材ポートフォリオ」を実現するためには、「人材ポートフォリオ設計・運用の枠組み」をつくるとともに、「働きやすさ・エンゲージメントの向上」に取り組む必要があるが、これらは、「人材マネジメントシステム」（48頁参照）を通じて実現されうるものである。また、その他の「企業価値を高めるための取組課題」、すなわち、「人的リスクの適切な管理」「ダイバーシティ経営・健康経営」についても「人材マネジメントシステム」を通じて実現されうるものである。

　ここまで論じてきた内容をふまえ、「人材マネジメントシステム」に期待される機能を整理すると、図表3－1記載の3点となる。

図表3－1　人材マネジメントシステムに期待される機能

1	事業戦略を実現するため、あるべき「戦略的人材ポートフォリオ」の実現に向け、「人材確保・人材力強化」と「人件費の効率化」を両者のバランスをとりつつ推進する
2	社員の「働きやすさとエンゲージメント向上」「多様な人材の活用と社員の健康保持・増進」を促進し、「よりよい企業文化・組織風土」を醸成する
3	人的リスクの状況を適時・適切に評価・モニタリングし、その予防・回避・軽減等、適切な対応を行う

3.2 人材マネジメントサイクルと人事の5大機能

　人材マネジメントシステムの全体観は、図表3-2のようなイメージである。このシステムを一貫性をもって回すことで、組織能力をつくる「仕掛け」が働き、企業価値の向上につなげることができる。

図表3-2　人材マネジメントシステムの全体観（イメージ）

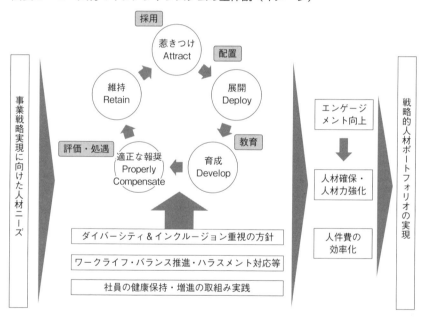

　このシステムのなかで、特に人材の確保・活用に焦点を当てると、図表3-3のような行動・活動の連鎖が浮かび上がる。これを「人材マネジメントサイクル」と呼ぶこととする。

　また、これらの行動・活動を人事的な機能の言葉で言い換えると、「採用・配置（異動）・教育・評価・処遇」となる。この5つを「人事の5大機

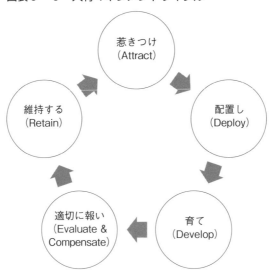

図表 3 － 3　人材マネジメントサイクル

能」と呼ぶこととしたい。

人事の 5 大機能＝採用・配置（異動）・教育・評価・処遇

　なお、人材マネジメントシステムに期待される機能としては、健康管理や
ワークライフ・バランス推進、ハラスメント対策等もあるが、これらは、原
則として、上記のサイクルとは別次元で並行して実施される[1]。
　第 1 章で述べたとおり、企業価値を高めるためには、「戦略的人材ポート
フォリオ」の実現が重要課題である。戦略を実現するための所要人数と実在
人数のギャップを把握し、打ち手を検討・実施し、その打ち手の効果検証を
行う。このサイクルを繰り返し、ギャップ解消に向けたPDCAを回していく
（第 2 章62頁以下参照）。ここでいう「打ち手」が、まさに、「採用・配置（異

1　ただし、たとえば病気休職に起因して配置の問題、あるいは処遇の問題となったり、
　　ワークライフ・バランス対策に関して、みなし労働時間制の導入等、処遇の問題となっ
　　たりすることはある。

動）・教育・評価・処遇」の５大機能の実践ということになる。言い換えると、戦略を実現するために必要な人材を「採用」「配置」し、「教育」を実施する、というように、「採用・配置・教育・評価・処遇」の機能は、事業戦略と密接不可分に立案・実施されるべきものである。

3.3 ウィズ・コロナ、ポスト・コロナの人材マネジメントの方向感

　事業戦略とのリンクという観点では、新型コロナウイルス感染症の流行が多くの企業の戦略に多大な影響をもたらしており、人材マネジメントのあり方についての再点検と見直しが必要になっている。

　リモートワークが急速に拡大するなかにあって、お客さまとの仕事の仕方、社内での仕事の仕方についても、対面での仕事に適した業務とリモートワークに適した業務との仕分けが進み、それに伴い、組織編制の変更や人員配置の見直しが必要となる。

　お客さまとの関係についていえば、お客さまと対面する機会が減って新規顧客開拓がむずかしくなるほか、お客さまからの選別が厳しくなり、よほど意味のある提案でなければ直接会っていただけない、というような状況も現れている。サービスの質の向上、他社との差別化がますます大きな課題となり、これに伴い、教育・育成の強化・見直しが必要となる。

　また、リモートワークが常態化するなかで、従来当たり前のようにやってきた仕事についても、「不要不急」のもの（実はやらなくてもよかったもの）があぶりだされ、業務効率化が大幅に進むチャンスともなっている。これに伴い、これまで顕在化していなかった余剰人員が明らかになり、再教育をして、別の業務への配置転換を行う、といった対応も必要となってくる。

　経営者、あるいは上司と社員の間のフェース・トゥー・フェースのコミュニケーションが制約を受けることから、「エンゲージメント向上」と「企業文化・組織風土」醸成のハードルが上がる。上司が部下にちょっと声をかける、ということもできなくなり、日常的な部下の行動観察もむずかしくなるが、そうかといって頻繁に連絡を求めたり、常時監視下に置いたりすると、部下のモチベーションを阻害する懸念がある。このような状況で、上司・部下間の信頼関係をつくるためには、従来以上に丁寧な対話が求められ、傾聴

やコーチング等の教育が必要になる。

　評価・処遇に関しては、リモートワークが拡大すると勤務時間管理がむずかしくなることから、アサインする仕事内容を明確化し、仕事に費やした時間ではなく、より成果を重視した評価・処遇制度にシフトしていく流れが考えられる。その場合、成果の評価の仕方、プロセスの評価の仕方等、評価制度のあり方が問題となる。リモートワークにおいては、オンライン会議、メール、電話等のテキストデータをもとに、HRテクノロジーを活用し、部下の仕事ぶりやコンピテンシーの発揮度合いを評価するといった方法も選択肢になると考えられる[2]。

　このような問題意識も含めて人材マネジメントサイクルの設計、改善を検討することが、多くの企業にとって重要な課題となっている。

2　担当者と顧客のやりとりを分析し発話量や話す速度、沈黙の回数などを点数化するAIサービスがあり、カスタマーサービスを担う部下の仕事ぶりを把握し上司からの助言に役立てている企業事例がある。また、リモートで働く部下について、上司との面談の動画と音声から表情や発話量を分析し、コーチングの専門家が上司に指導方法を助言するサービスがあり、1週間で100件以上の問合せがあったという（「『新常態』の課題新興が解決」日本経済新聞、令和2年6月1日）。

3.4 人事の５大機能の思考と実践

人材マネジメントシステムの中核をなす人事の５大機能「採用・配置（異動）・教育・評価・処遇」につき、基本的な考え方と実践方法を順に説明していくこととしたい。

3.4.1 採　　用

企業価値を高めるための第一の課題は、「戦略的人材ポートフォリオの実現」である。これを目指し、戦略遂行のための所要人数を確保しようとする場合、社内の人材を再配置するか、外部から採用するか、あるいは、きわめて専門性が高いようなケースについては、フリーランサー等に委託する、といった方法がありうる。

これらの打ち手のうち、「採用」は、企業が求める能力・スキル・経験等を有する「プロフェッショナル人材」等を適切に確保することで、最も即効性のあるかたちで企業内の新陳代謝を促し、目指す戦略的人材ポートフォリオを実現するための重要な手段である。したがって、人材マネジメントサイクルの入り口の機能として、「採用」の質を上げることが必須となる。

(1) 採用ブランディング

採用については、従来、大企業を中心に新卒一括採用が主流だったが、採用競争激化や経団連の協定廃止もあり、徐々に通年採用に移行するケースも多くなっている。また、求める専門性の高まり、多様な人材拡充の必要性等から、ゼネラリスト育成前提の新卒一括採用は必ずしも効果的でなくなっており、職務限定型の新卒採用も増えており、また、中途採用も一般化している。

新卒採用にせよ、中途採用にせよ、パフォーマンス発揮が期待できる人材に訴求し、確実に採用するためには、惹きつけのためのマーケティングや、採用ブランディングが重要となる。

　採用ブランディングは、潜在的な採用候補者に対し、自社の魅力をアピールするキーワード（たとえば、「○○ビジネスのリーディングカンパニー」といったフレーズ）または図案（エンブレムやロゴマーク等）、および訴求するメッセージの組合せであり、一般的なお客さまに対して訴求するのと同様、シンプルで明快なブランディングが必要である。沿革、ミッション・ビジョン、事業内容の特徴、損益・財務の状況（収益性と安定性）等の情報を提供するのは一般的であるが、「エンプロイー・エクスペリエンス」（71頁参照）の訴求の観点から、とりわけ図表3－4記載の事項を強く印象づけることが重要である。

　採用候補者がミレニアル世代以降の場合、その就職観は、①「就社」ではなく、「就業」、②会社の利益よりは社会貢献、③成長環境・自己成長重視となっている。具体的に活躍している社員の例（どういう人材がどのように活躍し、どのように社会に役立っているか）やキャリアパスや教育・研修体制についてもわかりやすく伝える必要がある。

　採用ブランディングは、候補者向けだけでなく、現役の社員に対するメッセージにもなり、自社の魅力を再確認してもらうことで、社員に対する惹きつけ効果も期待できる。

　ホームページ上の動画や会社案内のパンフレット等の媒体に相応に費用をかける必要もあるが、大事なことは、採用にかかわる社員全員が、訴求ポイントを共有し、一貫性のあるメッセージを社外に発信することである。

図表3－4　採用ブランディングによりアピールすべき事項

・どのような企業文化・組織風土で、どのような社員が働いているか
・その企業で働くことで、候補者にとってどのような成長の機会になるか（若手の場合）。あるいは、どのような能力・知見発揮の場になるか（中堅以上の場合）

新卒採用の場合には、インターンシップが、採用ブランディングの観点からきわめて重要となっている。選考の最終段階で同業他社間の選択に迷う学生の多くは、インターンシップに参加した会社を選ぶ傾向にある。大学3年生の業界研究段階から、内定、内定後まで個別にフォローしていくことで、その学生自身のキャリア観と、企業が提供する「エンプロイー・エクスペリエンス」とのすり合わせを行うことの効果は大きい。また、そのような丁寧な対応をしていることが口コミで他の学生にも伝わり浸透していく効果も期待できる。

(2)　募集媒体

候補者の募集については、昔ながらの新聞広告のほか、自社のホームページに採用専用ページを設けたり、Facebook等のSNSサイトを活用したりして、上述の採用ブランディングを展開し、あわせて応募を誘引するのが一般的な方法である。採用エージェントから人材情報を得て、可能性の高い人材について面接を設定する、というのもよくみられるケースである。

このように、求人情報を出して応募を待つことも一つの方法ではあるが、企業がねらった人材を確実に採用するためには、複数の採用エージェントをその強みのある業務領域に応じて使い分け、より的確な情報提供を求めるとか、たとえば、ビズリーチ、Linked In等、人材のデータベースにアクセスして、求める能力・スキル・経験等を有する人材にスカウトメールを送る等、企業が候補者に直接アクセスする方法が効果的である。

役員クラスや、特定の領域のプロ人材については、ヘッドハンターに依頼する方法もあるが、リテイナーフィー（着手金）や成功報酬が高めであり、ヘッドハンター会社によって得意・不得意分野がある。採用しようとする対象業務や、求める人材のスペックに応じて、どの媒体を活用するのが適切か、十分検討して臨む必要がある。また、いずれの媒体を活用するにしても、募集にあたっては、候補者に対し採用ポジションの職務内容を明確に伝え、齟齬のないようにすることが、入社後のエンゲージメントにとって重要である（69頁図表2－10参照）。

◆ 参 考 ◆

リファーラル採用（社員紹介制度）

「リファーラル採用（社員紹介制度）」とは、社員が紹介した候補者を採用し、一定期間経過したときに、紹介した社員に報奨金を支払うことで、質・量ともにできるだけよい候補者を確保しようとする仕組みである。報奨金水準は、採用エージェントを利用する場合の紹介手数料より通常は安いので、採用コストの低減にもなるため、欧米では一般的である。

報奨金を支給するかどうかはともかくとして、社員からの紹介は、採用候補者を確保するための一つの有効な手段である。ただし、特定の社員からの紹介であまりに多くの採用を行うようなことがあると、派閥ができたり、人材の多様性を阻害したりするリスクもないことはないので留意が必要である。

報奨金の支給については、日本では、職業安定法40条（報酬の供与の禁止）違反に当たる可能性があり、「導入は避けるべき」という見解の弁護士も多い。一方、「就業規則に明記し、賃金として支給すれば法務リスクは回避可能」として最近、日本でもベンチャー企業等で導入・実施する例があるが、職業安定法の存在を認識せずに導入している例も多い。導入する場合には、職業安定法との関係をふまえた注意深い設計が必要である。また、報奨金を目当てに、通常の仕事そっちのけで紹介にいそしむ社員が出ないようにするための考慮も必要であろう。できれば、報奨金など支払わなくても、エンプロイー・エクスペリエンスにより得られる高い価値（71頁参照）が口づてに伝わることを期待したいところではある。

⑶　コンピテンシーによる採用基準設定と採用面接

次に、どういう人材を採用するのか、明確な基準を設定し、これに基づく選考を行う。「人柄重視」「会って３秒でわかる」と豪語する採用担当者もいるが、KKD（勘と経験と度胸）だけでは高い打率は期待できない。

求める知識・経験の有無と程度、意欲、価値観や過去の業績を確認するほか、候補者の将来にわたる業績貢献の可能性を探り、戦略実現に向けた適材かどうかを確認する。そのためには、候補者の過去の具体的な行動（客観的

な事実）に基づき、コンピテンシーを評価する必要がある。

　「コンピテンシー」は、もともと1970年代のアメリカで、ハーバード大学のマクレランド教授による研究から発展した「高業績者の行動特性（知識・技能等を効果的に活用して実際に成果を達成する行動様式）」である。採用の場面だけでなく、教育・評価・処遇、あるいはサクセッション・プランニング（130頁参照）等、人材マネジメントサイクル全般において活用される。

　人物を評価するうえでは、その人の性格や資質、意欲、価値観等も重要ではあるが、具体的な行動があってはじめて業績貢献が可能になることから、過去の具体的な行動内容をもとに能力を測定しようとする考え方である。また、過去に成果をあげたからといって必ずしも将来的な業績貢献の再現が期待できるとは限らないので、過去の成果だけで能力を評価するのは不十分という考え方に立っている。

　コンピテンシーを設定する場合、自社の企業理念や企業の価値観（バリュー）との紐づけが重要である。たとえば、「お客さまのニーズを先取りした新しい顧客価値の創造」といった理念をもっているのであれば、それをブレークダウンして「顧客起点」「新規課題への果敢な挑戦」等の要素を抽出し、それぞれの要素について、各ビジネス部門において求められる具体的な行動様式を定義する。この際、本来的には、それぞれの業務における高業績者の行動例も調査したうえで定義することが望ましい。このようなアプローチで設定したコンピテンシーの具体的な項目・内容はそのまま社員個々人の評価基準となる。

　採用の場面でも、基本的にはこのように設定したコンピテンシーを採用基準としてそのまま使用することになるが、面接ですべてを評価することはむずかしいので、業務特性に応じて取捨選択するのが現実的である。たとえば、営業担当者を採用するときには「お客さま志向」と「達成志向」の２つのコンピテンシー、あるいは企画担当者の採用の場合には、「問題解決力」と「チームワーク」の２つに着目してその有無・程度を評価し選考を行う、といった方法である。このように、業務特性に応じて重視すべきコンピテンシーを特定し、候補者の過去の具体的な行動からその有無・程度を評価する

図表3-5　採用時のコンピテンシー評価の考え方（イメージ）

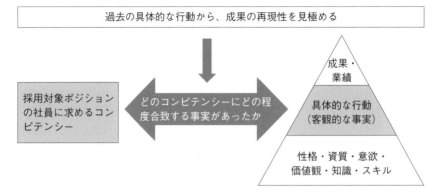

ことで、現実的で蓋然性の高い採用が可能となる（図表3-5）。そのためには、どのコンピテンシーに着目して面接を行い、どのように評価するのか、事前に十分トレーニングを実施しておく必要もある。

新卒採用時の面接方法

新卒採用面接については、志望動機の確認のほか、以前は、「あなたの長所は何ですか」「○○についてどう思いますか」といった質問をして、人柄、地あたまのよさ、やる気を重視する面接を行うのが一般的だったのではないかと思われるが、候補者の具体的な行動（客観的な事実）からコンピテンシーを評価すべきであることは、新卒採用においても同様である。

従来、新卒採用面接において、以下のような質問が一般的だったと思われる。

① 人柄を知るための質問

＊あなたの長所・短所は何ですか

＊あなたは、周りの人からどういう人だといわれますか

② 口頭表現能力（自分の考えをわかりやすく説明できるか）をみるための質問

＊○○について、どう思いますか

③ 知識・能力有無を直接聞く質問

＊最近の○○業界の動きについて何か知っていますか

＊あなたは○○が得意ですか

学生とのインタビューで多いのが次のようなやりとりである。

面接者：あなたの長所は何ですか。

学生　：コミュニケーション能力です。

面接者：それはどんな経験のなかで培ったのですか。

学生　：アルバイトでコンビニの店員をしていたのですが、そのとき
　　　　に、常連の方とあいさつをするようになりました。

面接者：……

　このようなやりとりから、この学生のコミュニケーション能力を評価できるだろうか。学生の返答にも問題はあるかもしれないが、むしろ、このような返答を誘導した質問にこそ問題があると考えたほうがよいと思われる。

　これに対し、望ましいのは、図表3−6記載のような候補者の具体的な行動例を尋ね、たとえば達成志向（向上心と粘り強さ）、問題解決力、リーダーシップと協調性等にかかわる部分を拾い出して評価するアプローチである。

図表3−6　聞き出すべき候補者の具体的行動例

・自分自身にとってのなんらかの困難を乗り越えるために粘り強く取り組んだ
　行動例
・集団行動において、より多くの人を巻き込んで成果を出すためにとった働き
　かけ、工夫等の行動例

　その際、コンピテンシーの十分な見極めを行うためには、何かに取り組んだという事実、あるいは何か成果をあげた結果だけを訊くのではなく、「だれとの関係において、どのような意図で、どのような工夫をしてその成果を導いたか」にまで踏み込んで具体的なエピソードを確認することが重要である。

　たとえば、以下のようなやりとりはどうであろうか。

面接者：学生時代に最も力を入れたことは何ですか。

学生　　：テニスサークルの主将をつとめ、関東大会優勝を達成しました。

面接者：それはすごいですね。優勝に導くためにあなたは何をしたのですか。

学生　　：サークルスタッフの一体感を大事にしてサークルの運営に取り組みました。

面接者：「一体感」とおっしゃいましたが、何か問題があったのですか。

学生　　：どちらかというと飲み会目当ての人が多く、力のあるスタッフが練習日に参加しないということもありました。

面接者：その問題について、あなたはどこに原因があり、どのように対応するのがよいと考えたのですか。

学生　　：何とかしたい、という思いから、まず、ほかの人たちの意見を聞いてみようと思いました。

面接者：それで？

学生　　：まず幹部数人を集めて、どこに原因かあるのか一緒に考えました。その結果、自分たちのサークルには明確な目標がないこと、練習のローテーションをきちんと組んでいないこと、それから、サークルのなかの役割分担がはっきりしていない、といったことに原因があるのではないか、ということになりました。

面接者：そのような議論を受けて、あなたはどんなことをしたのですか。

　　最初の「主将」「優勝」「一体感」といったキーワードを聞いた段階で「リーダーシップ　高」と評価してしまう面接者もいるのではないか。この候補者は、問題意識をもち、現状を変えようという意欲があり、メンバーの意向を大事にする民主的なリーダーかもしれないが、自分自身が何をしたいのか、どこに問題があり、どういう方向で組織を引っ張っていこうとしているのか、といった意図や動機の部分はどうであろうか。一つの経験談にして

図表3－7　候補者の行動に関する5段階評価基準

> レベル5：工夫して変化を起こそうとした行動
> 　　　　　困難な状況に置かれているときに、自分なりの工夫で状況の打開
> 　　　　　をしようとした行動の具体例がある
> レベル4：複数の選択肢から自分なりの判断で選択した行動
> 　　　　　ある状況のもと、複数の選択肢を考え、そのなかから自分なりの
> 　　　　　判断で行った行動の具体例がある
> レベル3：主体的だが、当然やるべきことをやった行動
> 　　　　　ある状況のもと、その状況であればだれでもそうするのが当然で
> 　　　　　あり、他に考える余地が小さい行動だが、そのような行動の具体
> 　　　　　例がある
> レベル2：受動的な行動
> 　　　　　だれかにいわれて、あるいは、やらざるをえず行った行動の具体
> 　　　　　例がある
> レベル1：問題意識のみ
> 　　　　　問題意識はあったが、それに基づく行動の具体例はなし

も、かなり掘り下げた質問を投げかけないと的確な評価はむずかしい。

　以上のようなインタビューを通じて候補者から確認した事実に基づき、その候補者がコンピテンシーを発揮した具体的な行動のレベルを評価する。たとえば、図表3－7記載のような5段階での評価を行う。

　このようなプロセスにより候補者のコンピテンシーを吟味し、また、そのエピソードを語る際のコミュニケーションスキルもあわせて見極めを行う。

◆　参　考　◆

HRテクノロジー活用例

　最近、AI（人工知能）を使ったHRテクノロジーの活用例が増えているが、最も活用されている分野が「採用」である。たとえば、前述のとおり（60頁）、日立製作所は、優先して採用すべき「優秀な人材」「とがった人材」の人材タイプと規模を明確化し、新卒採用の精度を上げており、さらに、この「人財データ分析ソリューション」を平成30年から外販している。また、エントリー

シートの記述から、コンピテンシーの要素の有無を読み取るサービスがあり、ソフトバンクは、IBMのWatsonを活用して、エントリーシートによる合否判定の自動化を行っている。ソフトバンクにおいても、最後は人が判断しているが、採用プロセスの効率化に役立っているようである（注）。

　なお、HRテクノロジーのなかには、候補者のSNS上の投稿情報等を継続的にトラッキングして、採用時のバックグラウンドチェックを行うサービスもあるが、このような個人情報の取得については、本人同意がない場合、職業安定法上の問題となりうる。

　職業安定法の適切な運用のために厚生労働省が定めた指針には以下のような記載があり、内定辞退予測情報を販売したリクナビも、これに違反する可能性から問題視されたものである。採用時の個人情報収集にあたっては、この指針に留意が必要である。

　厚生労働省告示第210号「職業紹介事業者等（筆者注：募集を行う企業を含む）は、個人情報を収集する際には、本人から直接収集し、又は本人の同意の下で本人以外の者から収集する等適法かつ公正な手段によらなければならない」（運用指針第4の1の2）

（注）「HRテクノロジーで人事が変わる」（労務行政、平成30年9月）

中途採用時の面接方法

　中途採用の場合、募集職務に求められる専門知識・経験等の確認を行うとともに、候補者の意欲・姿勢を評価して合否判断を行う。また、中途採用時には、特定のポジションを前提として、よりピンポイントで求める人材を見極める必要があるので、コンピテンシーについても、そのポジションの具体的な職務遂行に必要なコンピテンシーにフォーカスして、その有無、強弱を確認する必要がある。

　なお、前述したとおり、コンピテンシーは企業理念・企業の価値観（バリュー）に紐づき、各ビジネスに応じた具体的な行動様式の記述とすべきである。したがって、各社・各部門それぞれの状況によって違う項目・内容であって然るべきであるが、ここでは代表的な内容例と、有無・程度を確認するための質問例を記載することとしたい（図表3−8）。

　面接は、図表3−9に例示した段取りで進めるが、「導入」においては、

図表 3 - 8　コンピテンシー面接の質問例

コンピテンシー		各コンピテンシーに該当する行動様式	面接時の質問例
大項目	小項目		
お客さま志向	インテグリティ（誠実性・自律性）	・ごまかさない ・自分の行動について結果責任をとり、他人を非難しない	・努力をしたにもかかわらず、失敗した経験を話してください。その失敗に対し、どのように対応しましたか ・自分が正しいと思わないことを指示・依頼されたことがありますか。そのときどうしましたか
	お客さま志向	・お客さまが気づいていないニーズも把握している ・ニーズに見合うサービスを提案するだけでなく、お客さまからの苦情・不満を提案に活かしている ・お客さまと前向きな関係をつくり、維持する ・お客さまの要求・要望に対しスピーディに対応する	・お客さまとの信頼関係をうまく築いた経験を話してください ・お客さまへの訴求がむずかしい商品・サービスを提案したときの経験を話してください ・お客さまと厳しい交渉を迫られたときの経験を話してください ・お客さまからの苦情対応で苦労したときのことを話してください ・お客さまのニーズや期待を超えることができた経験を話してください ・交渉相手の最上位の決定権者にコンタクトし、交渉に成功したときの経験を話してください
達成志向	目標必達の意欲・姿勢	・常に最善に向かって精一杯努力する ・知識やスキルを絶えず高める努力を怠らない	・仕事量が非常に多く、対応が大変だったときのことを話してください ・スピーディに対応しなけれ

	粘り強さ	・お客さまからの期待を超えようとする熱意を示す	ばならないが、解決しなければならない問題がたくさんあったときの経験を話してください
		・困難な状況に対し、できる限りの手段を尽くして解決を図る	・困難な課題に対し一度で解決できなかったとき、どのように対応したか話してください
問題解決力	情報収集・把握	・担当ビジネスに関する業界動向をアップデートしている ・従来の情報源以外からアイデアを探す	・担当分野の最新情報を活用して成功した経験を話してください ・問題解決のため、従来の情報源以外からアイデアを探した経験を話してください ・新たな潜在顧客を開拓した経験を話してください
	問題分析・課題設定・対策立案	・目標実現に向け障害になる可能性のある問題の所在を明確化している ・取り組むべき問題を重点化して対策を練っている	・複雑な問題、あるいは困難な問題を解決した経験を話してください。どのように原因を分析し、解決策を考えましたか ・問題解決のため、どのように優先順位をつけてスケジュールを立てたか話してください ・問題解決にあたり、従来の方法とは違うアプローチをとった経験があれば話してください。そのとき、他にどんな選択肢を考えましたか ・むずかしい決断をした経験を話してください。そのとき、どのような基準で判断しましたか
リーダー	ビジョン・	・お客さまに焦点を当て	・担当するビジネス領域のビ

シップ	構想力・取組テーマ設定	た成長戦略を作成する	ジョンを設定した経験を話してください ・新しいビジネス構想を描いた経験を話してください ・重要なお客さまに対する営業戦略を立案した経験を話してください
	変革・革新性	・変化をチャンスととらえ、楽しむ	・従来のやり方を変えた経験を話してください。なぜ変更が必要だったのですか。どのように変えようと思ったのですか
	方向づけ	・新たな取組みをステークホルダーに伝え、説得する ・アクションプランを文書化し、所管部署に共有・浸透させる	・変革・改革を実行しようとして、周囲の理解を得るのがむずかしかった経験を話してください ・戦略を実行するためにアクションプランを策定したことがありますか。戦略やアクションプランを部署内にどのように伝達・共有しましたか
チームワーク	関係構築・協働	・ステークホルダーとの信頼関係を築く ・自部署以外に対しても助力を惜しまない	・同僚または他部署のスタッフの問題解決を助けた経験を話してください ・同じ部署のスタッフ、または他部署からの協力を得るのがむずかしかったときの経験を話してください。どう対応しましたか
	多様性尊重・受容	・価値観の異なる人とも良好な関係を築く ・異文化に対する感受性を示す	・他のスタッフと意見が一致しなかったときのことを話してください。意見の違いをどのように解決しましたか ・スタッフ間の意見対立を調

			整した経験を話してください
実行力	組織化・資源配分	・部下等に権限委譲し、任せるべきは任せる ・必要な人材を巻き込み、モチベーションを与える	・計画を実行するため、組織的な対応が必要だったときのことを話してください。必要なリソースをどう決め、確保しましたか
人材開発・育成	部下・後輩育成	・ストレッチ目標の達成に向け、周囲を鼓舞する ・部下・後輩に対し、率直で建設的なフィードバックを行う	・業績が芳しくない部下を育成した経験を話してください ・自部署の他のスタッフが新しいことを習得するのを助けた経験を話してください

相手の緊張をほぐし、できるだけリラックスして質問に応じてもらうような心配りを示すことが大事である。

コンピテンシーに関しては、図表3－10の手順で確認する。

最後の「教訓の確認」は忘れがちであるが、候補者が経験から何を学び、次に活かしたか、あるいは活かそうとしているかを尋ねることは、候補者の姿勢を確認する意味で重要である。

面接の終了前に、候補者からの質問には事実を答える（図表3－9）。もし、自分の意見・考えを述べるときは、「これは私の考えですが」と付け加え、候補者が事実と意見を混同しないよう配慮する。また、採用の最終決定権限者でない限り、採用をほのめかすような発言は厳に慎まなければならない。また、この機会をとらえて、企業の魅力を積極的にアピールする。

以上のような段取りで面接を実施し、コンピテンシーの評価を行う。その際の評価基準と、評価フォーマットのイメージは図表3－11、12のとおり。

図表 3 − 9　面接の段取り

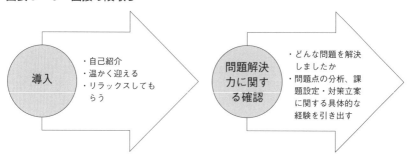

図表 3 −10　コンピテンシーに関する質問の展開

質問の手順	代表的な質問（例）
状況・役割の確認	・どのような問題に取り組み、解決しましたか ・その問題に取り組んだ目的は何でしたか ・どのような役割を担いましたか
具体的な行動の確認	・どのように行動しましたか ・どのような障害がありましたか ・どのような工夫をしましたか
結果・成果の確認	・どのような結果でしたか。何がうまくいきましたか ・うまくいかなかったことはありましたか
教訓の確認	・その取組みから何を学びましたか ・その後の仕事に活かしていることはありますか

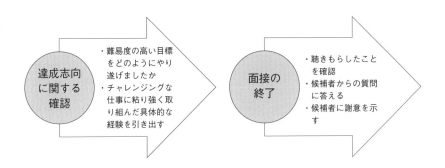

図表 3 − 11　コンピテンシー評価の基準例

■問題解決力：担当ビジネスのあるべき姿（将来の目標）の達成に向け、問題点を抽出・課題設定し、効果的な解決策を立案する

	5	4	3	2	1
問題分析	大局的な見地から、目標達成に向けた現状の問題点を網羅的に分析・把握している	…	目標達成に向けた現状の問題点をおおむね把握している	…	…
課題設定	現状の複数の問題点のなかから、ビジネス環境等もふまえ、重点化した課題を的確に抽出・設定している	…	現状の複数の問題点を検討し、おおむね適切に課題を設定している	…	…
対策立案	多角的に課題解決策を検討し、最も効果的な解決策を立案している	…	課題解決のため、具体的な解決策を立案している	…	…

図表3-12 評価フォーマット

採用ポジション

候補者名 _____ 面接者名 _____

専門スキルの内容・レベル評価

コンピテンシー評価

コンピテンシー項目	評価対象	面接で確認した内容	面接者コメント	評点
お客さま志向				
達成志向				
目標必達の意欲・姿勢				
粘り強さ				
ストレス耐性				
問題解決力	○			3
情報収集・把握	○	…	契約部門の問題点について、顧客視点で広範な情報を収集している	5
問題分析・課題設定・対策立案	○	…	自部門の課題設定が仮説レベルにとどまり、期待効果をふまえたプランになっていない	2
リーダーシップ				
ビジョン・取組みテーマ設定				
変革・革新性				
方向づけ				
実行力				
組織化・資源配分				
実行管理				
変化対応				
…				
…				
…				
…				
評価対象コンピテンシーの平均点				

3.4.2　配置・異動

　企業価値向上を目指し「戦略的人材ポートフォリオ」を実現するために
は、配置・異動も重要な手段となる。企業としては、事業戦略の実現に向
け、社員一人ひとりが、その能力・スキル・経験をいかんなく発揮してもら
う「適材適所」を追求したい。また、社員のエンゲージメント向上の観点か
らは、優秀な人材を抜擢・登用するほか、社員の希望をふまえ、成長実感が
得られるような配置を行う必要もある。企業側のニーズと社員個々人のニー
ズの調整が必要となる最も典型的な場面である。たとえ「ジョブ型」であっ
ても、「一度アサインした職務は何があっても変えない」ということはあり
えない。たとえば、部門別採用・配属を原則とする「ジョブ型」の外資系投
資銀行においても、ジュニアバンカーが勤続2年も経つとテック系企業や投
資会社等、他社に転職する社員が多いため、リテンション対策として別の部
門への異動も許容するケースが多くなってきている。
　配置転換について、企業は、業務上の必要に応じ、裁量により社員の勤務
場所を決定することができる[3]。しかしながら、①業務上の必要性がない場
合、または、②業務上の必要性があっても、他の不当な動機・目的をもって
なされたものであるとき、もしくは、社員に対し通常甘受すべき程度を著し
く超える不利益を負わせる配転命令は権利濫用となる（東亜ペイント事件、
最高裁第二小法廷昭和61年7月14日判決）。企業の業務上の必要性と社員の不
利益のバランスを考慮する必要があることは、最低限の要件として押さえて
おきたい。

(1)　企業側のニーズに基づく配置・異動

　「人材ポートフォリオ」の設定・運用については、前述のとおり（61頁以
下参照）、組織単位、あるいは業務領域ごとに、所要人数と実在人数のギャッ

3　ただし、もっぱら特定の職務をアサインする前提で雇用した場合や、勤務地を限定す
　る趣旨の合意がある場合には、社員の個別同意を得る必要がある。

図表 3 −13　人材ギャップ整理・検討フォーマット

部署名	業務領域	必要な人材要件	想定職務等級	所要人数	実在人数	不足数	充足期限	充足方法	充足可能人数
○○部	○○ ○○	…	○等級	25	13	12	2021年度末	▲▲部から異動	2
								△△部から異動	1
								…	…
								…	…
								中途採用	3

プを明確化し、そのギャップを社内の組織単位間の異動で補充することが可能か検討する（図表 3 −13）。

　次に、たとえば、図表 3 −14のような需要・供給マトリックスに具体的な候補者名と異動時期を書き入れ、全体的な異動計画を作成する。

　このような異動計画を作成し、実際に異動を実施しようとすると、実際には、供給側の部署が「優秀な人材を出したくない」と抵抗するケースも散見される。

　このような抵抗に対しては、企業全体の戦略レベルの必要性の観点から供給元の部門長等の了解を得るべく説得するしかないが、たとえば、「人事委員会」のような会議体を設定し、一定以上の等級の異動候補者については、各部門長が協議し、協議が調わない場合には、最終的には社長の裁定で決める方法も考えられる。

　部課長以上のポジションへの選抜・異動を行う際には、①業績評価、②コ

ンピテンシー評価、③360度サーベイ結果を総合的にみて判断する。また、後述のタレント・レビュー（126頁）やサクセッション・プランニング（130頁）を実施する場合には、それらの結果をふまえた判断を行うことになる。

最近では、個々人の職務適性を測定するオンラインツールや、異動成功予測モデル、あるいは上司・部下の組合せの相性をみて、チームワークの最大化を目指したり、たとえば、ハラスメント発生のリスクを回避する配置を検討したりするためのツールも出てきているので、「適材適所」の異動・配置を行うための参考材料として活用することもありうるであろう。

⑵　社員のキャリア志向・能力開発ニーズに配慮した配置・異動

社員のキャリア志向等に配慮した配置・異動を行うにあたっては、まずは、社員のニーズを把握する必要があり、そのための手段としては、図表3－15記載のような選択肢がある。

ジョブ・ポスティングについては、以前は「急に部下に手をあげられては困る」「部下が不合格になるとモチベーションが下がるので困る」といった上司からの抵抗を受け、「応募の際には上司承認が必要」といった応募条件をつけるケースもみられたが、最近は、制度の浸透とともに、このような応募条件を設定しないのが一般的になっている。

ジョブ・ポスティングが積極的に活用されるためには、「エンプロイー・エクスペリエンス」（71頁）配慮の一環として、他の組織単位がどのような業務をやっていて、どのような魅力があるのか、あるいは自分のキャリアにとってどういう意味があるのかを社員が十分理解・検討できることが必要である。そのためには、社内の各部門・各部署の戦略や業務内容、スタッフ紹介等の説明会やビデオ、その他のプロモーション媒体を用意することが望ましい。また、ジョブ・ポスティングに伴う異動については、社内に発表し、具体的な実例を社員に示すことも有意義である。

最近、「社内兼業」を制度化する例もある[4]。この制度は、社員が本来の

4　「武田、社内業務掛け持ち」（日本経済新聞、令和2年6月1日）。

図表3−14　人材需要・供給マトリックス

			供給								
			A部門				B部門				
			4等級	3等級	2等級	1等級	4等級	3等級	2等級	1等級	4等級
需要部門	A部門	4等級									
		3等級									
		2等級									
		1等級									
		小計									
	B部門	4等級									
		3等級									
		2等級									
		1等級									
		小計									
	C部門	4等級									
		3等級									
		2等級									
		1等級									
〜〜〜〜〜〜〜〜〜〜〜〜〜〜〜〜〜〜〜〜〜〜〜〜											
	全社計	4等級									
		3等級									
		2等級									
		1等級									
		計									

部署在籍を継続しつつ、一定期間、一定の時間だけ、他部署の業務も掛け持ちする制度であり、社員のキャリア形成支援に加え、多様なアイデアの活用、組織のサイロ化解消の目的もある。完全に異動して別の仕事にチャレンジする従来型のジョブ・ポスティングより気軽な感じもあるかもしれないが、情報管理の問題や、それぞれの部署における業務時間調整等の問題もあるので、これらの点に留意した制度設計が必要である。

部門										
C部門			...				全社計			
3等級	2等級	1等級	...	...	...	...	4等級	3等級	2等級	1等級

⑶ ワークライフ・バランス配慮に基づく配置

　エンゲージメント向上、エンプロイー・エクスペリエンス提供の観点から
は、社員のワークライフ・バランスに配慮した配置も重要である。労働契約
法上も「労働契約は、労働者及び使用者が仕事と生活の調和にも配慮しつつ
締結し、又は変更すべきものとする。」（3条3項）とされている。

　この観点から、社員の家庭の事情等に配慮して、たとえば、「配偶者の転
居異動に伴う異動」制度が一つの選択肢となる。これは、社員の配偶者が自

図表3－15　社員のキャリア志向・能力開発ニーズ把握のための選択肢

①	自己申告制：社員が自分自身の強みや得意分野、異動希望等を会社に申告する仕組み
②	キャリア面談：部下の職務経験や得意分野等を振り返り、部下からは今後のキャリアに関する希望や、家族・健康面等から配慮してほしい事項等を申告。上司から、今後のキャリアのために望ましい能力開発等に関するアドバイスを実施する、定期的な上司・部下間の1対1の面談。面談内容は、「キャリア面談シート」等により、人事部門宛てに報告され、人事部門が情報を蓄積する
③	人事部門面談：人事部門が、定期的、または不定期に担当部署の社員と個別に面談。その社員の人柄や、職場の上司・同僚や職場環境全般を把握するのとあわせ、社員から異動希望等を聞き、情報を蓄積する
④	ジョブ・ポスティング：定期的に、社内のいくつかのオープンポジションについて、他部門からの応募を募り、合格者は数カ月以内にはその募集部署に異動させる制度

社または他社において別の拠点に転居を伴う異動になったとき、社員がその配偶者に随伴して異動することを認める制度である。

　また、関連して、採用に関する施策であるが、「ライフイベントの状況変化に伴う再雇用」制度も検討対象となるであろう。これは、社員本人が出産・育児・介護等のライフイベントにより退職した後、希望がある場合に再雇用を認める制度である。どういうケースをどういう条件で認めるかの検討は必要であるが、家族関係に配慮する企業の価値観、スタンスを示すものとして、このような制度に取り組む意義はあると思われる（186頁参照）。

最近の裁判例に基づく人的リスク管理上の留意点⑴

配転を行う際の留意点

§一般財団法人あんしん財団事件（東京地裁平成30年2月26日判決）
　女性職員4名に対する配転命令の違法性等が争われた事例。法人は、職員の職種を総務職（いわゆる事務職）から業務推進職（いわゆる営業職）に変更したうえで、それぞれ東京から仙台、横浜から金沢、埼玉から札幌、札幌から埼

玉への配転命令を実施。裁判所は、この配転の業務上の必要性は認めたが、転居を伴う広域の異動を経験したことがまったくない女性職員に対しては、「個々の具体的な状況に十分配慮し、事前にその希望するところを聴取等した上で（略）、業務上の必要性や目的を丁寧に説明し、その理解を得るように努めるべきであった」「異動日との余裕がない日程によって告知された配転命令について、通常甘受すべき程度を著しく超える不利益を負わせるもので人事権の濫用である」と判断している。

　この裁判例をふまえると、配転を行うにあたっては、業務上の必要性に関する説明や家庭の事情等に関する確認が必要であることはもちろん、とりわけ過去に配転となった経験がないような社員に対しては、不意打ちにならないよう、十分な配慮が必要となる。

(4)　兼業・副業

　前述したとおり、「社内兼業」制度化の例もあるが、社内では得られない多様な経験、視野の拡大を通じたキャリア形成・成長支援の観点から、社外での兼業・副業の容認・支援も選択肢となる。兼業・副業については、以前は、就業規則上の「職務専念義務」を厳密にとらえ禁止する企業が一般的であったが、ここ2～3年の間に対応を変える例が増えている[5]。また、社員の側も、自分の専門スキルを社外で活かしたり、経験値を上げたりする目的で、マッチングサイト等を使って副業に取り組むケースが増えている。

　実際に企業が社員の兼業・副業を認めるにあたっては、図表3−16記載の事項を検討する必要がある。その他、兼業・副業先が反社会的勢力と関係ないか、という点もチェックポイントとなる。

　現状では、労働基準法上、兼業・副業先との間で勤務時間・時間外勤務手当金額の通算管理が必要となるため、実務的には、兼業・副業先での勤務日

5　日本経済新聞社のスマートワーク経営調査（令和2年）によれば、約3割の企業が副業を解禁している（「IHI、8000人の副業解禁」日本経済新聞、令和3年1月21日）。コロナ禍で業績が悪化し報酬削減を余儀なくされた企業が、社員の収入補填を可能にするために副業を認める例もみられる。

図表 3 −16　兼業・副業の可否に関する検討事項

検討項目	検討内容
知識・スキル・ノウハウ等拡大可能性	自社内で得られないような知識・スキル・ノウハウ・ネットワーク等の獲得が期待できるか
労務提供の支障	兼業・副業のウェイトが大きくなり、自社への労務提供に支障を生じるようなことはないか
利益相反懸念	顧客・競合会社等、兼業・副業先の利益を追求すると、自社に損害を及ぼすような関係にないか
誤認・信用毀損リスク	兼業・副業先の顧客・取引先等から、自社の行うビジネスと誤認され、自社の信用を毀損する懸念がないか
情報漏洩リスク	自社の専有情報、社内情報等の漏洩懸念はないか
時間管理・時間外勤務手当計算の支障	兼業・副業先との間で労働時間を通算管理し、時間外割増手当の計算等に支障はないか

や勤務時間を最初から制限しておくとか、雇用契約に基づく兼業等は認めないといった方法をとる必要がある[6]。

(5)　早期退職優遇制度

「配置・異動」をさらに広い意味でとらえれば、社員に対し社外への転進機会を与えることもその一環ということができよう。「人生100年時代」において、「60歳、70歳になっても自分の強みを活かし、自己実現を図りたい」「早めに社外活躍の場を見つけたい」という社員のセカンドキャリア支援の観点から、図表 3 −17記載のような「早期退職優遇制度」の導入が選択肢となる。

① 対象者

対象者については、一定の年齢条件以外の条件は設けないのが基本である

---

6 「副業・兼業の促進に関するガイドライン」（厚生労働省令和 2 年 9 月 1 日改定版）は、「労働時間の通算は、自社の労働時間と、労働者からの申告等により把握した他社の労働時間を通算することによって行う」「副業・兼業の開始前に、自社の所定労働時間と他社の所定労働時間を通算して、法定労働時間を超える部分がある場合には、その部分は後から契約した会社の時間外労働となる」といった扱いを認めている。

図表 3 － 17　早期退職優遇制度の概要

項目	概要（例）
対象者	退職日時点で満45歳以上の社員。ただし、一定のポジションにある社員を除く
退職事由	自己都合退職（通常の雇用保険適用）
募集時期・期間	年1回、募集期間1カ月
割増退職金	満45歳の場合、基本給の12カ月分、それ以降は漸減
アウトプレースメントサービス	利用可（利用しない場合には割増退職金に30万円加算）

が、実務的には、安定的な業務運営を維持したい、という経営ニーズもあり、この観点から、「部長の職位にあるものは除く」といった除外条件を加えることもありうる。

② 募集時期

　募集時期については、福利厚生制度として「通年応募可」とするか、年1回等、定期的なイベントとして設定する選択肢がある。

③ キャリアプラン研修との接続

　社外転出志向をすでにもっている40歳代半ば以降の社員はそれほど多くないと思われる。「キャリアプラン研修」を対象層や、できれば、それ以前の年齢層に実施し、キャリア自律意識を醸成し、社外でも通用する「ポータブルスキル」を早めに身につけておくべきことの気づきを提供することも必要と考えられる。

④ 割増退職金

　割増退職金については、会社の財務・損益面の影響をふまえつつ、通常の退職金とあわせて、社員にとって社外転進に向けたインセンティブになる金額とする必要がある。ただし、金額によっては（あまりに高額だと）、リストラ目的ととらえられ、レピュテーションリスクを招く懸念もあるので留意が必要である。

⑤ アウトプレースメント・サービスの利用要否

会社が、専門のアウトプレースメント会社と契約し、退職後一定期間、社外転進希望者に対し、希望に応じた転職候補先の紹介や、職務経歴書や応募書類の書き方、面接の練習等、各種アドバイスを提供するオプションサービスを設けることも選択肢となる。

3.4.3　教育・研修

(1)　上司による日常的な教育とメンターシップ

　社員のキャリア形成支援、エンゲージメント向上のためには、上司の部下に対するマネジメントがきわめて重要である（70頁参照）。上司は、日々のコミュニケーションを通じて部下の強みと要改善点を的確に把握し、学習機会や気づきを与えて部下の確実な育成を支援し、部下自身が成長実感をもつことができるようなマネジメントを行う必要がある。この観点から、後述のコーチング等のトレーニングを上司に繰り返し実施し、企業全体のマネジメントスキルのレベルを上げることがきわめて重要である。

　また、エンゲージメント向上のためには、指導役や教育係（メンター）の配置も重要である（69頁図表2-10参照）。新卒社員や若手社員、あるいは、中途採用で企業文化にまだなじんでいない社員のOJTをできるだけ効果的なものとするため、「メンターシップ・プログラム」の実施が考えられる。メンターシップは、知識・経験をもったメンターが、未熟なメンティに対し、一定期間、1対1で交流し、メンティの成長を支援するプログラムであり、メンターには、メンティとそれほど年齢差が大きくない中堅社員を選ぶ。メンターシップにより、メンティの知識・スキル習得と社内外のネットワーキングを促進することができ、早期定着化が期待できるほか、メンターにとっても、マネジメントの疑似体験の機会となる。メンターシップ・プログラムを十分機能させるためには、メンター任せにするのではなく、上司や人事部門が状況を確認し、必要に応じた支援を行うことも重要である。

⑵ Off-JT（研修）

　社員の「働きやすさ」や「エンゲージメント」向上の基盤となるのは、職場における円滑なコミュニケーション、上司・部下の同僚間の信頼関係、成長実感、自己効力感等（69頁参照）であり、Off-JT（研修）については、これらの要素を組織横断的に強化・促進し、「学習する組織」[7]の企業風土の醸成につながるプログラムを整備することが重要である。

　研修については、新卒採用者に対しては、社内の優秀な社員が講師となって集合研修を行うが、その後はせいぜい部内の勉強会どまりという会社も多いのではないだろうか。また、研修をやるにしても社外講師に頼ることも多いのではないかと思われるが、社内講師として意欲とスキルのある社員を募集することも有意義である。たとえば、セールスのノウハウやデータ作成・加工スキル等、企業内の実地で役立つスキルを社員が社員に教えることで、講師となる社員のモチベーション向上はもちろんのこと、ナレッジ共有による学び合う文化の醸成も期待できる。

　「プロフェッショナル人材」の育成に資すると思われる研修プログラムは、図表3－18記載のとおりである。

　このうち、「ファシリテーションスキル研修」は、付箋を使ったブレーンストーミング、「フィッシュボーン（特性要因図。図表3－19)」を使った課題の要因分解、「ペイオフマトリックス（図表3－20)」を使った意思決定方法等の演習が主体である。ファシリテーションスキルは、グループで議論を行うなかで論点の発散と収束のサイクルを回していくスキルであり、この発散と収束のサイクルはマネジメントそのものといってよく、マネジメント候補者を含め、多くの社員が習得する意義の大きいスキルである。また、組織内のコミュニケーション活性化効果も期待できる。

　「傾聴力」「タイムマネジメント」「ファシリテーションスキル」の研修は、社内講師を養成して運営しうる内容であり、社内講師による全社的展開

7　「最強組織の法則：新時代のチームワークとは何か」ピーター・センゲ（徳間書店、平成7年）参照。

図表3－18　プロフェッショナル人材育成のための研修プログラム例

研修テーマ	対象者	目的	概要
問題解決	全社員または選抜研修	企業の問題解決スキル習得	現場の経営課題を参加者が持ち寄り、自ら解決策を考え実行・検証・問題解決を行うアクションラーニングにより、参加者と組織の学習性を高める
傾聴力	全社員	お客さまのニーズ把握力向上・社員間のコミュニケーション円滑化	傾聴と質問のスキルについて、ロールプレイング等を通じて習得
タイムマネジメント	全社員	効果的・効率的な業務運営の促進	限られた時間内に最大の成果を生み出す業務運営手法を習得
ファシリテーション	全社員	柔軟なアイデア・発想の促進、効果的・効率的な会議運営の促進	グループのアイデア創出、意思決定方法を含めた効果的・効率的な会議運営スキルを習得
コーチング	部課長、またはその前段階の社員	マネジメントスキル向上・社員の成長促進	部下の成長段階に応じた自主性促進のためのスキルについて、ロールプレイング等を通じて習得
能力測定（アセスメント）	部課長等	部課長層社員の能力レベルを客観的に測定し、能力開発を促進	各種演習を通じて、専門アセッサーが個々人の能力レベルをスコアリング。強みと要改善点、改善方法を明確化

することを検討してもよいと思われる。

　「アセスメント研修」は、戦略立案演習、グループ討議演習、インバスケット演習、部下面談演習等を行い、社外の専門アセッサーが受講者個々人の能力や特性を診断・測定する「アセスメントセンター・メソッド」による研修である。もともとは、第2次世界大戦中にアメリカでスパイ候補者の選抜・養成のために開発された手法といわれ、30～40年前から、日本でも管理職選抜のために利用している企業も多い。受講者個々人の能力レベルがスコ

図表 3 −19 フィッシュボーン（特性要因図）

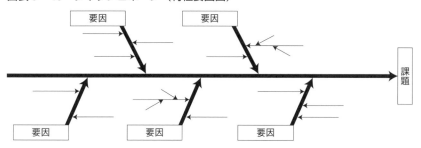

図表 3 −20 ペイオフマトリックス

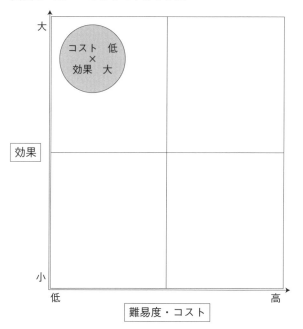

アリングされ、要改善点、改善方法が明確化され、受講後の能力開発のための気づき、方向づけとして高い効果が期待できる。また、企業にとっても、この研修で得られた受講者の能力・特性に関する情報をもとに、「適材適所」の配置等に活用できる。

　Off-JTについては、最近、「マイクロラーニング（数分の動画コンテンツに

より学習できるアプリ）」等、社員一人ひとりの学習ニーズに応じ、アクセスしやすく、通勤時間等の隙間時間を活用できる使い勝手のよいツールが一般化しつつある。また、個別にお薦め学習メニューを提示したり、教材配信や受講状況等を統合・管理したりする学習管理システム（Learning Management System：LMS）の導入例も増えている。また、MOOCs（大学等が中心となって設定した、だれでもオンラインで受講できる大規模オープンオンラインコース）と組み合わせて、自主学習のトレーニングプログラムを提供する例もあるほか、マイクロソフトは独自のカスタムMOOCsを作成しているという[8]。

このようなツールを導入して「パーソナライズ学習」を支援することも、価値のあるエンプロイー・エクスペリエンスの提供となり、効果的であろう。

(3) 360度サーベイ

アセスメントについては、360度サーベイを活用している会社が多いと思われる。360度サーベイは、部課長等を対象として、上司、部下、同僚、他部署の社員等、数名による匿名の評価をして、その結果をフィードバックすることで、自分自身が気づいていないような点を含め、強みや要改善点を確認し、今後の能力開発を促進するものである。上司・部下等からの評価項目は、基本的には、コンピテンシー評価の対象項目（83、90、123頁参照）と同様のものとするのがよい。

「リーダーシップ研修」「マネジメント研修」は、経営戦略、労務管理、コンプライアンスのほか、前述のコーチングスキル等のセッションを組み合わせて実施することが多いが、受講者を対象に事前に360度サーベイを実施し、その結果をもとにして、自らのリーダーシップスタイル、マネジメントスタイルに気づきを与え、要改善点について今後の取組みを整理してもらうと効果的である。

---

8 「データ・ドリブン人事戦略：データ主導の人事機能を組織経営に活かす」バーナード・マー（日本能率協会マネジメントセンター、令和元年6月）258頁。

◆ 参 考 ◆

360度サーベイに対する懐疑論

企業によっては、役員候補等の選抜の材料として360度サーベイを用いる例もあるが、360度サーベイには根強い懐疑論・反対論もある。すなわち、「評価者がサーベイ対象者の仕事ぶりを日常的に見聞きしていない」「評価者訓練を受けていない」「意図的に高く、あるいは低く評価するケースもある」ので、「妥当な結果にならない」。筆者がいままで耳にしたなかでは、「匿名の評価者がネガティブな評価やコメントをすることによって、サーベイ対象者のモチベーションダウンを招き、組織にとって支障が出る」「anonymous assassination（匿名の暗殺・名誉毀損）だ」という反論もあった。

360度サーベイを利用する場合には、このような懐疑論もふまえ、本来的には、やはり強み・要改善点の気づき等、教育目的のツールとして活用すべきであろう。また、結果を配付するだけで終わりにしがちであるが、解釈方法や活用方法について、個別にできるだけ丁寧なアドバイスを行うことが望ましい。

(4) グローバル人材育成プログラム

海外展開している国内企業等においては、グローバルビジネス戦略をリードする人材が必要であり、「グローバル人材育成」が重要なテーマになっている。具体的な育成手法は各社のニーズ次第であるが、基本的には、以下のような施策の組合せが有効であろう。

① 英語力強化支援（英語学校受講補助等）

② 異文化理解促進研修・イベント

③ 英語によるビジネススキル研修（プレゼンテーション、ファシリテーション等）

④ 海外トレーニー派遣・海外業務派遣・海外留学派遣

⑤ 海外拠点との合同マネジメント研修

上記の①、②は、広範な社員を対象にした支援プログラムまたはイベントであるが、③以下は、一定以上の英語力を備え、将来のグローバルビジネス

に関与したい、あるいは、関与させたい社員に限定して実施する。

　⑤の海外拠点との合同研修は、「タレント・レビュー」（126頁参照）で、将来のグローバルビジネスリーダー候補と目されるような社員を対象として、海外拠点の将来リーダー候補と混合で実施する研修である。その目的は、①受講者のネットワーキングを通じて、拠点間のビジネスの協働・連携を促進すること、②この研修受講を契機にして、受講者が、グローバルビジネスにおけるリーダーシップの強化に取り組むこと、また、③グローバルマネジメント人材のプールを拡大することにある。研修内容としては、戦略、企業文化、多様性の理解等に関する議論のほか、受講者が複数のチームに分かれ、実際のビジネス課題について経営に対する提案するアクションラーニングに重きを置く設計がよい。

　この研修は、終了後のモメンタム継続がむずかしいが、一つの対策としては、卒業生に対して、毎年、グローバルビジネス連携にかかわるアサインメントを意図的・計画的に与え、その進捗を日本側からもモニタリングする等、グローバルタレントとしてフォローを継続する体制をつくることが考えられる。

◆ 参 考 ◆

海外留学派遣の問題点

　海外のMBA等に研修目的で派遣するプログラムに関して、派遣者が帰国後早々に退職してしまい、企業が派遣費用の返金を求めるケースがある。この費用返還要求については、労働基準法16条「損害賠償予約の禁止」規定との関係でトラブルになることがあるので留意が必要である。退職時の返金について誓約書をとっていても、記載内容が十分でなかったため、裁判所から返済義務を否定されたケースもある。金銭消費貸借契約の締結等、必要な法的対処策を講ずるのはもちろんであるが、海外留学派遣の必要性・有効性自体を吟味し、より多くの社員に対してグローバル経験を付与するための別の手段も検討すべきであろう。

3.4.4　評　価

　評価は、人材マネジメントサイクルのうち、「適切に報いる」ための重要な機能である。また、評価により社員一人ひとりの業績、強みと要改善点を把握し、適材適所の「配置」を行う材料として活用するほか、強みをさらに伸ばしたり、要改善点の改善を図ったりする「教育」につなげるサイクルの起点ともなる。後述する「タレント・レビュー」は、会社にとっての将来のコア人材を特定し、その社員の今後の配置や育成を検討するプロセスであるが、これについても、「評価」が起点となる。社員のエンゲージメントを上げ、企業価値向上を目指す人材マネジメントにおいて、公正性・納得感ある評価制度の設計・運用はきわめて重要である（69頁図表2−10参照）。

(1)　目標管理制度

　評価のための基本的な枠組みは「目標管理制度」と「コンピテンシー」の2つである。このうち目標管理制度は、期初に目標を設定し、それに基づいて業務遂行状況を管理するマネジメントツールであるが、半年、あるいは年間を通じた目標の達成状況に基づき評価を行う仕組みとして活用されている。目標管理制度は、経営戦略を起点として部門・部署目標・個人目標に展開することで、組織のメンバーが戦略を理解・共有し、業績向上に向けたベクトルあわせを行うために好都合な仕組みであり、多くの企業が、目標・業績とその評価のサイクルを回すためのツールとして利用している。

　目標管理制度については、「評定を上げるために、期初に設定する目標が低めになる」「個人の目標達成が優先され、チームワークを阻害する」「期中の環境変化に対応できない」「失敗を恐れてチャレンジを避けてしまう」「結果偏重や短期業績志向を生む」といった問題点が指摘されることが多い。なお、コンピテンシー評価も、「おまけにすぎず、事実上機能していない」と指摘されることが多い。このような指摘を否定できない状況にある場合には、制度設計・運用方法を見直し、「プロフェッショナル人材」育成・確保

に資する効果的な仕組みに変える必要がある。

ノー・レーティング（No Rating）、1 on 1 ミーティング

見直しの方向性として、最近では、プロセス重視、実質重視の仕組みを導入して改善を図る動きが増えており、この一環として、たとえば、「ノー・レーティング（No Rating）」や「ワン・オン・ワン（1 on 1）ミーティング」を導入する企業もある[9]。

1 on 1 ミーティングは、導入企業によって違いはあるが、週1回、あるいは月1回といった頻度で上司・部下間で目標の進捗状況をレビューするほか、人材育成の機会としても位置づけられており、上司が部下に対し、能力開発やキャリアに関するアドバイスを行う。上司・部下間のコミュニケーション頻度を高めることで、期中の環境変化に対応して目標を柔軟に修正し、また、上司・部下間で共有した情報を蓄積しておき、年度末時点では、年間の経緯を振り返り、期待水準と対比して最終的にどの程度の成果だったかを評価する。このような方法をとることにより、年度末にあらためて評価フォーマットを作成する作業は不要となり、評価レーティングもつけない。

1 on 1 ミーティングとノー・レーティング（No Rating）をセットで導入する場合、単に上司・部下間のコミュニケーションの頻度を高めるだけではなく、日常的なかかわり方の質を上げて、信頼関係を構築する必要があり、徹底的なマネージャー教育が不可欠となる。また、日頃の業績や仕事ぶりに関する情報や1 on 1 で交わした会話情報を蓄積しておくインフラも整備する必要がある。

また、評価レーティングがなくなると、昇給や賞与の配分を上司の裁量に委ねることになる。多くの企業にとってはこの点が最もハードルが高いのではないだろうか。現状、全社的に評価ランクに応じた処遇決定を行っていたり、上司・部下の関係がローテーション異動で頻繁に変わったりしているような企業にあっては、上司裁量により処遇がばらつくことに社員の納得感を得ることはむずかしく、1 on 1 ミーティングはともかく、「ノー・レーティ

9　システム会社のアドビ、あるいはGEの導入例が有名である。「特集　人事評価なんてもういらない」（リクルートワークス研究所、Works No.138）参照。

ング（No Rating）」の世界に変えるのはかなり難易度が高いと思われる。

OKR

また、「OKR（Objective Key Results）」と呼ばれる目標管理方法があり、インテル、ヒューレット・パッカード、Google、Facebookのほか日本でも数社が導入している。企業全体の大きな目標を起点にして、部署単位のObjective（目標）とKey Results（目標達成のための主要な成果指標）、その下に個人単位のObjectiveとKey Resultsを設定するかたちで企業全体の目的と個人の目標が紐づけられる。Objectiveとして、1～3カ月間を対象とし、達成可能性が60～70％程度の定性的な「わくわくするチャレンジ目標」を設定し、Key Resultsとして、1つのObjectiveに対し3～5個程度の定量的な指標を設定する。週1回程度の「1 on 1ミーティング」により進捗状況を確認し、Key Resultsの軌道修正を行う。難易度の高い目標への挑戦を回避することのないよう、OKRの達成度は個人の処遇には反映しない。決定した目標や進捗状況は社内に明示して全社員が共有し、達成に対しては賞賛し、失敗は責めないルールとする、といった点が特徴的な仕組みである[10]。

便宜上、評価の項で説明したが、OKRは、組織全体のミッション・ビジョン・バリューに紐づく目標を部門レベル・個人レベルに落とし込み、目標達成に向け、組織内の情報共有・動機づけ・コミュニケーションを活性化させるためのツールであり、本来的には評価の仕組みではない。したがって、評価ツールとしての目標管理制度と二者択一というわけではないが、一定規模以上の企業においては、個々人の目標や進捗状況等を含め全社員が共有する点で運営がむずかしいのではないか。また、処遇とリンクさせない点で動機づけツールとしては不十分な面があるという見方もできるであろう。

ただし、OKRの眼目は、企業・組織のミッション・存在価値をふまえ、どういう「結果」を出すことが求められるのかを上司・部下間でしっかり議論し、すり合わせ、明確化することにある。OKRについては、この点にこそ注目すべきである。

---

10 「本気でゴールを達成したい人とチームのためのOKR：OKR for LEADERS」奥田和弘（ディスカヴァー・トゥエンティワン、平成31年4月）参照。

このようにみてくると、「ノー・レーティング」や「OKR」のもつ機能のうち、

・企業・組織のミッション、会社全体の目標を起点とする個々人レベルへの目標の落とし込み
・目標の難易度の適切な設定
・期中の環境変化に伴う目標の見直し
・目標達成状況についての頻度の高いレビュー
・目標の進捗管理だけでなく、能力開発やキャリアに関する上司からのアドバイス実施

といった要素について、従来の目標管理制度を修正し、あるいは運用にあたって工夫を加えれば（その際には上司のマネジメントスキル向上が必要条件となるが）、社員の納得感向上、エンゲージメント向上を促進する目標管理制度を実現することは十分可能であり、そのような運営を目指すべきであろう。

　多くの日本企業にとって、「ノー・レーティング」や「OKR」が必ずしも最適解というわけではなく、飛びつく必要はないが、企業・組織のミッションをふまえて個々の組織・社員が出すべき「結果」とは何かを上司・部下が十分すり合わせて明確化し、それを上司・部下間で目標として共有することの重要性については、最大限留意すべきである。

目標管理制度の設計・運用方法

　以下、目標管理制度の設計・運用方法を説明する。

　社員のエンゲージメント向上を促進する目標管理制度とするためには、年間を通じ、図表3−21記載のサイクルを適切に回すことが重要である。目標管理制度は、目標と結果を比較・評価し、処遇を決定するための「評価ツール」として使用される面もあるが、むしろ、一義的には、上司から部下に対する期待内容・期待レベルと部下自身が取り組みたい事項とをすり合わせ、期中の進捗状況を管理するツールとして、また同時に、上司から部下に対して日常的な指導・支援を行い、部下の成長を促進するPDCAのツールとして活用されるべきものである。このように、業務管理と部下育成の2つの意味

図表3−21　目標管理サイクル

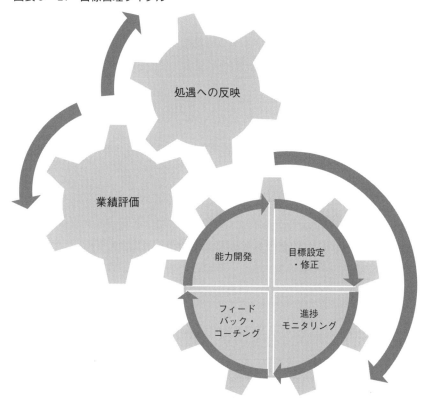

でのPDCAサイクルをきちんと回し、それができて初めて評価のためにも活
用しうる仕組みである、ということをふまえ、目標管理制度本来の機能を全
うできるよう設計・運用を行う必要がある。また、社員一人ひとりの「目
標」は、PDCAの起点であり、この「目標」が不適切だと目標管理制度、ひ
いては人材マネジメントは機能不全となってしまう。この認識に立って、目
標設定方法をきちんと整理しておく必要がある。

① 目標の連鎖

　目標設定について、まず押さえるべきポイントとして「目標の連鎖」があ
る。エンゲージメント向上の観点から、社員に対しては、組織全体のミッ
ションや戦略と紐づけて、求める「結果」の意義を説明することが重要であ

る。たとえば、「販売チャネルの強化」といった戦略を起点として、部門、チーム単位の目標、さらには個々人の目標、といった流れで相互の目標を関係づける必要がある。これによって、企業全体の戦略を個々の社員の目標に落とし込み、社員に期待する行動、「結果」を明確に個々人に提示することができる（図表 3 −22）。

図表 3 −22　目標の落とし込み

| 会社目標 | 部門目標 | チーム目標 | 個人目標 |

　個々人の目標値の総和が企業全体の目標値と必ずしも一致するわけではなく、むしろ、個々人の目標の総和が企業全体の目標値よりも大きくなるように設定したほうが得策であろう。その場合、企業全体から個々人にブレークダウンするかたちで厳密に「目標の連鎖」を説明するのはむずかしいかもしれないが、逆に、個々人がその目標を達成することで、チーム目標、部門目標、あるいは企業全体の目標達成につながる関連性を説明することで「目標の連鎖」を示すことはできる。たとえば、図表 3 −23記載の例でいえば、スタッフAの「新商品キャンペーン企画」や「見込み客のサーベイ」は、課のレベルの新規顧客向け売上目標20億円に結びつき、これは、部レベルの100億円の売上目標に結びつくものというかたちで、個々人の目標の趣旨、意義を説明できる。

② 　目標類型

　目標の設定にあたっては、企業・組織のミッションや戦略をふまえ、個々の社員が持ち場持ち場でどういう「結果」を出すことが求められるのか、その目指すべき「結果」を目標として設定する。企業・組織のミッションや戦略との関連づけを明確にすることが重要である。そのため、個々の目標を検討・設定する際の切り口として、戦略を構成する要素をふまえた目標類型を置くと効果的である。例として、ハーバード大学のロバート・キャプラン教授等により提唱された「バランス・スコアカード」の 4 つの視点に基づき、

図表 3 −23　目標の連鎖

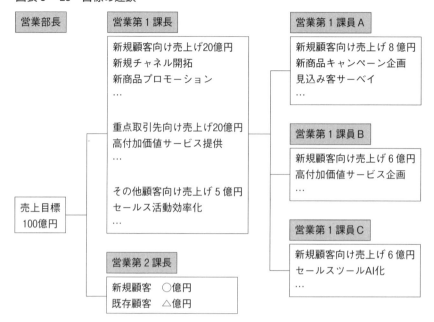

「収益・財務」「戦略的施策」「顧客リレーション」「人材管理」の 4 類型を置く考え方がある（図表 3 −24）。このほか、「財務」「戦略」「業務」「組織」の 4 類型とする例もある。

　「収益・財務目標」や、「生産性・効率性の向上目標」については定量的（数字化できる）目標となるが、「顧客満足度を上げるための戦略的課題」や「人材育成・後継者育成、同僚・後輩指導、チームワーク促進等の取組課題」等については、定量化がむずかしく、定性的な目標ということになる。実効性の高い目標設定を行うためには、これらの目標類型をあらかじめ定めておき、それぞれの類型ごとに期待される「結果」（いつまでにどういう結果を出すことが求められるか）を具体的に設定する。

③　目標設定の 5 要素

　目標については明確性が重要である。上述の目標類型ごとに、できるだけ図表 3 −25記載の 5 つの要素を盛り込み、具体的な目標項目を設定する。

図表 3 −24　目標の 4 類型

目標類型	概要
収益・財務 （Financial Performance）	会社の収益性、成長性、経費に関する目標
戦略的施策 （Strategy）	会社の戦略実現に向けた施策、ビジネス運営の効率化に関する目標
顧客リレーション （Client）	顧客（内部顧客を含む）との関係構築、顧客ニーズ対応等に関する目標
人材管理 （Human Capital）	経営戦略に資する採用、退職抑制、人材開発、ダイバーシティ＆インクルージョンの促進に関する目標

〈参考〉バランス・スコアカードの 4 つの視点

視点	概要
財務	株主の期待に応えるための財務的な行動
顧客	顧客満足度を高めるための顧客に対する行動
業務プロセス	財務的な業績や顧客満足度を高めるための業務プロセスの構築
学習と成長	会社戦略を実現するための組織と社員の成長に向けた行動

図表 3 −25　目標設定の 5 要素

1　何のために（その目標を達成することの意義） 2　何を　　　（求められる結果） 3　どれくらい（求められる達成水準：金額、数量、状態等） 4　いつまでに（納期、期限） 5　どうやって（手段、方法）

④　求められる達成水準（KPI）の設定

　上記の「求められる結果・達成水準」については、「定量・定性×結果・プロセス」の 4 象限のフレームワークを使って検討すると考えやすい。すなわち、達成すべきものは「数字で示すことができる結果」か「数字で示すことができるプロセス」か、あるいは、「数字で示すことができない結果」か

「数字で示すことができないプロセス」かを区別し、成果を測定するための適切な指標値、または目標とする状態を設定する（図表3－26）。

　KPIについては、実務上、「KPIをそのまま目標としてよいか」という重要な論点がある。図表3－26の左上の象限に示した「売上げ・収益」は、それが業務遂行により求める結果そのものであれば目標とすることに問題はない（ただし、この場合は「KPI」ではなく、「KGI（Key Goal Indicator）」と位置づけるべきであろう）。これに対し、たとえば、将来に向けた基盤拡充の観点から特定の顧客セクターでの販路拡大を目指す場合、「特定顧客セクターの売上げ」というKPIをそのまま目標としてよいかが問題となる。もし、これを認めると、仮に1人の超優良顧客からの売上げでKPIを達成したときも"目標達成"となるが、顧客数を増やし、かつ1人当りの収益効率を上げること、すなわち、顧客数と収益性の両面を追うことに本来の目的があったとすれば、1人の顧客によるKPI達成をもって"目標達成"と評価するのは不適切であろう。あるいは、「業務の効率性向上」という課題に対し「1日当りの処理件数」というKPIをそのまま目標にした場合、処理件数を減らすことだけに過度にフォーカスが当たり業務プロセスの質がないがしろにされる、あ

図表3－26　KPI検討のためのフレームワーク

	〈定量〉	〈定性〉
〈結果〉	定量・結果目標 売上げ・収益	定性・結果目標 お客さま満足
〈プロセス〉	定量・プロセス目標 お客さま訪問件数 研修実施回数	定性・プロセス目標 マーケティング手法改善 お客さまフォロー状況

るいは、本来必要な処理を省略してしまうような本末転倒の事態も起こりうる。

　このようなケースを考えると、「目標設定にあたっては、『求めることの本質は何か』を十分吟味し、その本質から外れる結果となる可能性があるKPIをそのまま目標とするのは避けるべき」ということになる。あるいは、かたちのうえでKPIを目標とするにしても、最終的に目指すべき肝心なことは何か、上司と部下の間でしっかりとすり合わせておく必要がある。このようなことは、仕事本来の目的をふまえ、期待を超える結果を出そうとする「プロフェッショナリズム」が組織に十分浸透していれば心配無用かもしれないが、その段階に至っていない組織においては重要な留意事項となることを強調しておきたい。

⑤　期中の環境変化対応

　期中の環境変化についての対応方法としては、以下の２つのうちのいずれか、あるいは両方がある。

ⅰ）　期中に目標変更を行う

ⅱ）　期末評価時点で、環境変化要因をふまえ達成度を調整する

　前述したとおり（116頁）、社員のエンゲージメント向上を促進する目標管理のあり方としては、上司・部下間で頻度高く目標の進捗状況をレビューし、環境変化に応じて目標を変更する合理性がある場合には、上記ⅰ）とするのが望ましい。これに対し、上記ⅱ）は、たとえば、期初目標に対しては達成度50％だったが、環境変化をふまえると実質的には達成度70％であったとみなす、というような調整方法である。これにより、社員の納得感を得る観点では一定の効果があるが、「後出しじゃんけん」になり公正さを欠く懸念もある。恣意的な運用にならないよう注意する必要がある。

⑥　期中レビュー・期末評価

　社員のエンゲージメント向上のため、上司は、部下の日常業務についてのフィードバックを適切な実施頻度で実施し、部下の具体的な行動について行動した直後に褒めることが重要である（70頁図表２−12参照）。

　期中において、上司は、以上のように設定・修正した目標に対し、部下が

どの程度の達成状況にあるかを確認し、目標達成に向けたアドバイス等を行う。頻度はできるだけ高いほうがよいが、回数をこなすことが目的化すると形骸化する懸念もあるので、全社的に一斉に実施するサイクルとしては、四半期に1度、あるいは半期に1度とするのが現実的、かつ効果的である。

　年度末において最終的な達成状況を確認し（あるいは必要に応じ中間期末においても中間期末までの達成状況を確認し）、目標（達成すべき結果の期待水準）に対する達成度により、たとえば5段階の評価ランクをつける。昇給や賞与を決める前の段階では、個々人の目標に対する達成度に基づくレーティングであり、「絶対評価」となる。また、この際、たとえば以下のような取組みに着目し、形式的には目標未達であっても、その成果を実質的にみて加点評価を行うことも考えられる。プロセスを実質的に評価することで、社員のエンゲージメントを高める効果が期待できる。

・将来的な収益基盤の強化につながる革新的な取組みに挑戦した。
・期中に生じた環境変化に柔軟に対応し、新しい課題への対応が他の模範となった。
・マーケット動向・顧客動向をきめ細かく分析し、自部門だけでなく、他部門の今後の戦略に有効な情報提供を行った。

　また、目標の達成状況・未達状況を振り返るなかで、部下が、今後、どのような能力開発に取り組むべきかの気づきを促し、適切なアドバイスを加えることも重要である。

(2)　コンピテンシー評価

　コンピテンシー評価は、結果に至る行動・プロセスを評価する仕組みである。事実上、目標管理制度に基づく評価が結果偏重に陥る弊害を避けるための制度となっていることが多いが、社員のエンゲージメントを高め、企業価値の向上を目指す観点からは、もっと積極的に活用していくべきものである。すなわち、企業理念、企業の価値観（バリュー）と明確に紐づけ、社員に求められる行動様式を示すものとしてコンピテンシーを設定し、評価を通じてその価値観・行動様式を共有・浸透させていく仕組みとする必要がある

図表 3 −27　コンピテンシーの設定例

コンピテンシー		求められる行動様式
大項目	小項目	
お客さま志向	インテグリティ（誠実性・自律性）	・ごまかさない ・自分の行動について結果責任をとり、他人を非難しない
	お客さま志向	・お客さまが気づいていないニーズも把握している ・ニーズに見合うサービスを提案するだけでなく、お客さまからの苦情・不満を提案に活かしている ・お客さまと前向きな関係をつくり、維持する ・お客さまの要求・要望に対しスピーディに対応する
達成志向	目標必達の意欲・姿勢	・常に最善に向かって精一杯努力する ・知識やスキルを絶えず高める努力を怠らない ・お客さまからの期待を超えようとする熱意を示す
	粘り強さ	・困難な状況のなかでも、粘り強く成果を目指す
問題解決力	情報収集・把握	・担当ビジネスに関する業界動向をアップデートしている ・従来の情報源以外からアイデアを探す
	問題分析・課題設定・対策立案	・問題の真因を分析し、課題を設定し、効果的な対策を立案する
	交渉・折衝	・論点を明確にし、相手の立場にも敬意を払ってwin-winの交渉を行う
リーダーシップ	ビジョン・構想力・取組テーマ設定	・環境変化をふまえて組織のビジョンを構想し、具体化のためのプランを策定する ・お客さまに焦点を当てた成長戦略を設定する
	変革・革新性	・変化をチャンスととらえ、楽しむ ・従来の方法にとらわれず、柔軟な発想で変化を起こしている
	方向づけ	・新たな取組みをステークホルダーに伝え、説得する ・アクションプランを文書化し、所管部署に共有・浸透させる
チームワーク	関係構築・協働	・ステークホルダーとの信頼関係を築く ・自部署以外に対しても助力を惜しまない
	多様性尊重・受容	・価値観の異なる人とも良好な関係を築く ・異文化に対する感受性を示す
実行力	組織化・資源配分	・部下等に権限委譲し、任せるべきは任せる ・必要な人材を巻き込み、モチベーションを与える
	実行管理	・業務の進捗状況を確認・調整し、必要な手段を講じてコントロールする
	決断力	・不確実な状況でも、時機をとらえて果断に対応する
人材開発・育成	部下・後輩育成	・ストレッチ目標の達成に向け、周囲を鼓舞する ・部下・後輩に対し、率直で建設的なフィードバックを行う

（84頁参照）。

　コンピテンシーと求められる行動様式の設定例は、図表３−27のとおり（90頁図表３−８の一部再掲）。

　コンピテンシー評価は、目標管理制度に基づく結果評価とまったく別に独立して実施されているケースも多いが、目標として設定した「結果」がどのような行動により導かれたのかを評価するための枠組みとして、目標管理制度と一体的に運用することが重要である。これにより、曖昧な潜在能力評価となることを避け、「プロフェッショナル人材」として求められる具体的な行動がどの程度あったのか、より直接的・具体的な評価が可能となる（図表３−28）。

　コンピテンシーについても、その発揮度合いによって、たとえば５段階で評価ランクをつける。

図表３−28　目標管理制度とコンピテンシー評価の一体運用例

期初目標		期末評価		評定	目標割合	参照コンピテンシー項目例
		何をどこまで	どうやって			
1	売上げ〇億円	記入例	・市況が悪化するなか、お客さまとの接触機会を積極的に増やすことでお客さまとの関係を維持して			・お客さま志向
2	新規顧客拡大〇件		・苦情対応をきっかけに、関係者を巻き込みサービス内容の刷新に取り組んで	加点要素として勘案		・お客さま志向
6	売上げ●億円					
総合評価					100	

3.4.5 評価を軸にした人材発掘・育成、パフォーマンス・マネジメント

　前述のとおり、企業価値向上を目指し、あるべき「戦略的人材ポートフォリオ」の実現を目指した計画的な管理・運営が重要であるが、これを実現するためには、将来を担う人材候補者群（タレント・プール）を特定し、計画的に育成していく必要がある。また、一方で、一定期間評価が芳しくない社員には退職勧奨の実施を検討する必要がある（134頁参照）。企業全体の人材力向上を図るためには、このようなことを具体化するための「タレント・レビュー」「サクセッション・プランニング」「パフォーマンス・マネジメント」の枠組みが重要となる。

(1)　タレント・レビュー

　原則年1回、社長、関係役員等による会議体を設定し、社員一人ひとりの業績や能力の状況を評価し、今後に向けて必要となる人材育成対策の検討と進捗確認を行う。これを「タレント・レビュー」と呼ぶ。
　タレント・レビューの対象者範囲については、会社規模等により以下の2つのケースがある。
① 　社員全員を対象とする
② 　一部の社員に限定する（一定の職能資格または職務等級以上、あるいは、一定のポストについている社員等）
　たとえば、全社員を母集団とし、全社員のなかから、役員候補、部長候補といったカテゴリー別に「コア人材」を選び、それぞれに育成プランを設定する（図表3－29、30）。
　育成プランとしては、チャレンジングなプロジェクトにアサインするとか、未経験の業務に異動して幅広い経営視点を身につける、あるいは、エグゼクティブ・コーチやメンターをつける、といったことを個別に検討する。
　翌年度、育成プランの結果を確認し対象者と育成プランを見直す流れで

図表 3 −29　コア人材のカテゴリー区分設定例

区分		人数メド	現職	人材イメージ
A	次の役員候補	10名	本部長・部長	今後 3 年以内に役員レベルまで成長する可能性のある人材
B	次の部長候補	20名	課長	今後 1 〜 3 年以内に部長レベルまで成長する可能性があり、かつ将来的に役員レベルまで成長するポテンシャルのある人材
C	次の課長候補	50名	課長未満	今後 1 〜 3 年以内に課長レベルまで成長する可能性があり、かつ将来的に部長レベル以上に成長するポテンシャルのある人材
X	余人をもって代えがたい専門人材			各部門の専門性発揮の観点から、将来的に不可欠な人材

図表 3 −30　コア人材の育成プラン設定例

区分		育成プラン候補
A	次の役員候補	・プロジェクト・アサインメント ・未経験の部長ポジションに異動 ・子会社の経営者ポジションに異動 ・エグゼクティブ・コーチング
B	次の部長候補	・プロジェクト・アサインメント ・未経験の課長ポジションに異動 ・海外拠点に派遣 ・ミドル・マネジメント研修参加 ・メンタリング・プログラム（メンターとして）
C	次の課長候補	・プロジェクト・アサインメント ・異業種交流会参加 ・メンタリング・プログラム（メンティとして）

PDCAサイクルを回し、全体的な人材のパイプラインを拡充していく（図表 3 −31）。

　コア人材の決定・育成については、実効性を高めるため、以下の 3 つが重

図表 3 −31　タレント・レビューのプロセス

コア人材リスト（案）の作成	タレント・レビュー会議	コア人材育成プラン実施
部門長と人事ビジネスパートナーが部門ごとのコア人材リストと個別育成計画案を作成	〈参加者〉社長、各部門長、人事部長〈アジェンダ〉・コア人材リストのレビュー・承認・個別育成計画のレビュー・承認（前年度対象者は進捗状況の確認および振返りも含む）	個別育成計画に基づく具体的対応の進捗確認とフォロー

要である。

① 上司の育成責任の明確化

　コア人材に対する育成プランの実施とその部下の能力伸長を上司の目標に加え、成否をきちんと評価する。

② 具体的な育成プランの作成

　育成プランには、具体的な実施事項とスケジュール、達成基準を盛り込む。

③ コア人材自身のコミットメント

　社長あるいは部門長等から本人に対し以下内容を説明し、コミットメントを得る。

・会社として、次世代候補の育成・確保に力を入れていること

・今回選ばれたからといって、必ず早期選抜・早期昇格を約束するものではないこと

・翌年また選ばれるとは限られず、本人の頑張り次第であること

9 ボックス

　9 ボックスは、現状の人材ポートフォリオを把握するための枠組みである（図表 3 −32）。

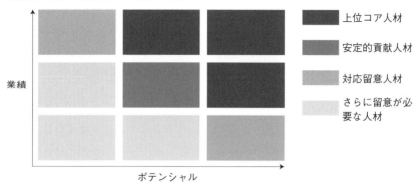

図表3－32　9ボックス（イメージ）

業績

ポテンシャル

上位コア人材

安定的貢献人材

対応留意人材

さらに留意が必要な人材

　縦軸については、1年間の業績評価の結果を使うことが多い。

　横軸については、以前のGEは、以下のような「GEバリュー」を基準としていた。

・外部志向（External focus）

・明確でわかりやすい思考（Clear thinker）

・想像力と勇気（Imagination & Courage）

・包容力（Inclusiveness）

・専門性（Expertise）

　このほか、横軸の「ポテンシャルな能力」として、過去数年間の業績評価結果の累積、あるいはコンピテンシー評価を使うケース等がある。

　このような座標軸を設定し、対象者一人ひとりについて、どの区分に該当するかプロットしていく。このようにして、9ボックスを使えば、前述のタレント・レビューの対象となる「コア人材」を選ぶことができる。

　第2章で説明した人材ポートフォリオ管理・運用の一環として、業務領域ごとの「プロフェッショナル人材」の実在人数を把握するためには、その業務領域において高いパフォーマンスをあげるために求められる能力・スキル・経験を上記横軸の基準として設定すればよい。この要件に高いレベルで合致し、かつ、実際に高いパフォーマンスをあげている社員が右上のボックスにプロットされ、「プロフェッショナル人材」ということになる。

9ボックスは手間と時間が相応にかかるため、GEはGoogleやFacebookなどのスピード感に危機感を覚え使うのをやめたようであるが、このような使い方をすれば引き続き有効活用できる枠組みであろう。

(2) サクセッション・プランニング（後継候補者計画）

サクセッション・プランニングは、戦略遂行上重要なキーポジションを特定したうえで、現職者の状況、および、今後数年間にわたる後継候補者の有無を把握し、将来にわたるパイプラインの補強を行うための枠組みである。「タレント・レビュー」が「人」起点の枠組みであるのに対し、「サクセッション・プランニング」は、「ポジション」起点の枠組みということができる。

① 候補者計画対象ポジション（キーポジション）の選定

まず、計画の対象ポジションを決める。企業全体の継続的な事業運営体制を確保するための枠組みであることから、戦略的に重要度の高いポジションを選定する。たとえば、営業予算規模○○億円以上の部長ポジションとか、一定ジョブサイズ以上の本社ポジション等、といった基準による選定が考えられる。

② 現職者の状況確認

選定した個々のキーポジションについて、後継候補検討の緊急性を明確化するため、現職者の状況を確認し、以下のような区分を行う。ｃの場合、後継候補を検討する緊急性が高い、ｂの場合は注意が必要、ということになる

図表 3 −33　現職者と候補者の状況明確化（イメージ）

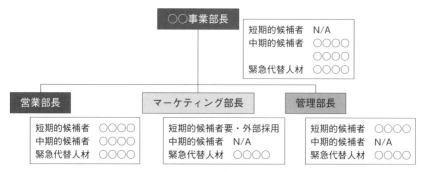

130

（図表 3 －33）。

a　現職にフィットしており、特段の問題なし

b　リテンションリスク（退職懸念）あり

c　業績や能力に問題あり

③　後継候補者のリストアップ

　次に、個々のキーポジションについて、社内の後継候補者をリストアップする。その際、前述した「9ボックス」の結果からコア人材等をピックアップすれば、効率的な人選ができる。リストアップした一人ひとりの候補者につき、スタンバイ状況（後継者になるまでにどの程度の時間が必要か）を検討し、以下のような区分を設定する（図表 3 －34）。

①　緊急代替人材

②　短期的候補（いますぐ～ 1 年間）

③　中期的候補（ 1 ～ 3 年間）

　次に、個々のキーポジションについて、後継候補者の有無と、現職者への対応を整理する（図表 3 －35）。

　1 つのキーポジションに複数かつ短期的・中期的な後継候補者がノミネートできるようであれば、そのポジションの後継者確保のメドはついており当

図表 3 －34　候補者人材の区分例

候補者人材区分	スタンバイ状況（キーポジション任用までの想定期間）	説明
緊急代替人材	―	現職者の急な退職等でキーポジションが空席になったとき、当面の代替を行うことが可能な人材
短期的候補	いますぐ～ 1 年間	業績・ポテンシャルからみて、短期的にキーポジションにつくことができる人材
中期的候補	1 ～ 3 年間	業績・ポテンシャルからみて、キーポジションにつく前に、プロジェクト等、能力伸長のための業務経験を必要とする人材

図表3－35　キーポジション単位の現職者・候補者状況の整理（イメージ）

キーポジション名	現職者名	現職者の状況	後継候補者名
○○事業部長	○○○○	●○○	○○○○
			○○○○
営業部長	○○○○	●○○	○○○○
			○○○○
マーケティング部長	○○○○	○○◐	要・外部採用
管理部長	○○○○	○◐○	○○○○

面は安心してよい、ということになる。

　一方、たとえば、キーポジションの現職者に「退職懸念がある」、あるいは「パフォーマンスに問題」があり、後継候補者が社内におらず、「外部採用せざるをえない」とか、社内にいても、「スタンバイまでに時間がかかる」という場合には、後継者問題のリスクが高いので、早急に対策を講じる必要がある、ということになる。

④　後継候補者に対する今後の育成・開発計画

　このようなプロセスを経て、ノミネートされた後継候補者について、将来の想定ポジションと育成・開発プランを設定する（図表3－36）。

⑤　KPI管理

　サクセッション・プランニングについては、以下のようなKPIを設定しモニタリングすることも重要である。

ⅰ)　キーポジションの後継者候補充足率

ⅱ)　後継候補者人材の自己都合退職率

ⅲ)　女性候補者比率

　上記ⅰ)は、企業全体のキーポジションに関するパイプラインの強弱をみる直接的な指標である。たとえば、現状100％であれば、「1つのポジションに平均して1人の後継者がいる」状況を意味する。

　上記ⅱ)については、後継候補者の自己都合退職率をモニターし、もし、こ

スタンバイ状況	パイプラインの状況	緊急代替候補者	現職者対応
1～3年	●○○	○○○○	当面継続
1～3年			
いますぐ	●○○	○○○○	より重責の部長ポジションへの異動を検討
1～3年			
	○○●	○○○○	降格異動を検討
いますぐ	●○○	○○○○	当面ようす見

図表 3 −36　後継者人材に対する今後の育成・開発計画

氏名	5年後の想定ポジション	次の想定ポジション	次回異動タイミング	アクションプラン
○○○○	○○事業部長	営業部長	1～2年	新商品拡販プロジェクトリーダーのアサイン
○○○○	管理部長	財務課長	3年後	ファイナンスに関する講座受講
○○○○	…	…	…	○○部長によるメンタリング

れが上昇傾向にある場合には組織維持の観点から問題であり、早急に手を打つべき、ということになる。

　上記iii)は、「ダイバーシティ経営」の観点から重視すべきKPIとなる。

(3)　パフォーマンス・マネジメント

　企業全体のあるべき「戦略的人材ポートフォリオ」の実現に向け、人材力を底上げし、あわせて人件費の効率化を図るためには、社内では残念ながら業績貢献が期待できない社員に対し、社外への転進を促すことを検討する必要がある。

　この点、前述したとおり（7頁参照）、アメリカ等では「Employment at

will（随意雇用）」の慣行があり解雇は自由であるし、その他の国でも、ポジションを解消して「リダンダンシー（Redundancy）」というかたちで解雇することも珍しくない。これに対し、日本では、解雇も可能ではあるが、労働契約法上、その有効性が厳しく制限されているため、退職勧奨がまずは検討すべき選択肢となる。たとえば、前述（128頁）の9ボックスによるレビューの結果「対応に留意が必要な人材」に位置づけられた社員、あるいは一定期間、低評価が継続した社員を対象として3～6カ月の「PIP（Performance Improvement Program：業績改善プログラム）」を実施したうえで退職勧奨を検討する。ただし、PIPと退職勧奨については、一時、政治問題化したことがあるとおり、実施方法によっては事実上の退職強要と受け止められ、深刻なトラブルを招く懸念もある。まずは社内での業績改善を促すべきであり、その人の能力・知識・スキルは社外にこそ活かせる途がある、という場合に社外転進の選択を勧めることに趣旨があり、リスペクト（敬意）ある姿勢で臨むことを忘れてはならない。

最近の裁判例に基づく人的リスク管理上の留意点(2)

PIP（業績改善プログラム）と解雇の合理性

§コンチネンタル・オートモーティブ事件（東京高裁平成28年7月7日決定）
　中途採用したマネージャーの解雇につき、裁判所は「高度の能力を評価されて高額の賃金により中途採用されたものであり、……（会社の）指示に素直に従わず、むしろ反抗的というべき態度に終始していたこと、……（会社は）PIPの実施……という経過を経ていたものであり、意識改革を図るための機会は十分に付与されていたということができることに照らすと、（会社がマネージャーの）業務能力や勤務成績については今後も改善の余地がないと判断して本件解雇を行ったことについては合理性を欠くということはできず、本件解雇が解雇権の濫用に当たるということはできない」という原決定の判断を維持している。この事件は、高度の能力を評価されて高額な賃金で中途採用され、反抗的態度をとったという若干特殊なケースではあるが、PIPによる改善の機会付与について、解雇の合理性判断の材料として積極的に評価している。
　また、別の事件でも、「勤務能力の低下を理由とする解雇に『客観的に合理

的な理由』（労働契約法16条）があるか否かについては、まず、当該労働契約上、当該労働者に求められている職務能力の内容を検討した上で、当該職務能力の低下が、当該労働契約の継続を期待することができない程に重大なものであるか否か、使用者側が当該労働者に改善矯正を促し、努力反省の機会を与えたのに改善がされなかったか否か、今後の指導による改善可能性の見込みの有無等の事情を総合考慮して決すべきである」と判断されている（ブルームバーグ・エル・ピー事件、東京高裁平成25年 4 月24日判決）。これに対し、改善機会が十分に与えられなかったことをもって解雇の合理性を否定した裁判例もある（クレディ・スイス（休職命令）事件、東京地裁平成24年 1 月23日判決）。

　これらは解雇をめぐる裁判例であるが、能力不足を理由として退職勧奨を行う場合においても、その能力不足の重大性の吟味はもちろん、十分な改善機会の提供が必要と考えられる。

　なお、日本国内でも、ポジションがなくなること（上記のリダンダンシー（Redundancy））を理由に退職勧奨し、応諾を得た場合には退職加算金やアウトプレースメントサービス（転職支援サービス）の提供といったセベランス・パッケージ（Severance Package）を適用する例もある。また、直接的に低評価を理由とする退職勧奨の場合も退職加算金等を用意する例もある。ちなみに、外資系投資銀行では、「Up or Out」といってアソシエイトやバイスプレジデントに昇格できないと退職する不文律があるケースもあるが、特殊な例であろう。

　退職加算金については、特定の相場水準はないが、あえていえば、筆者の知る限りでは勤続 1 年につき基本給 1 カ月分、最大12カ月分までといった水準感の例が多いように思われる。ちなみに、参考までに海外の例をあげると、イギリスには、勤続 1 年につき 1 週間分の給与というように週単位で最低限のリダンダンシー手当を定める法令がある。ロンドンの投資銀行では勤続 1 年につき 1 カ月分あるいは 4 週間分等で平均的には最大12カ月分という水準感である。ニューヨークの投資銀行においても勤続 1 年につき 4 週間分の基本給とアウトプレースメント・サービス、といった例がみられる。アメリカにはEmployment at will（随意雇用）の慣行があるためか、最低限の手

当を定める法令はないようである。

◆ 参 考 ◆

希望退職制度

　企業の財務・損益状況によっては、一定の経営努力で達成しうる以上の人件費削減の必要があり、やむをえず、希望退職募集をせざるをえない場合もある。その場合、前述（104頁参照）の「早期退職優遇制度」とは似て非なるところがあり、何よりも、退職勧奨を伴うことが大きな違いである。退職勧奨については、前述の個別の「パフォーマンス・マネジメント」と異なり、同時期に大規模の人数を対象として実施することになるので、より慎重な検討と対応が必要である（図表3−37）。

　ある程度の人数を対象にして同時に退職勧奨を行う場合、「早期退職優遇制度」の枠組みを使い、そのなかで退職勧奨を行うことも可能ではあり、実際、そういう例もある。しかしながら、セカンドキャリアを支援する福利厚生という制度趣旨からすると、「早期退職優遇制度」は、あくまで社員の自発的意思に基づくものとしておくほうがよいであろう。そうでないと、「いっていることとやっていることが違う」ことになり、社員エンゲージメントに悪影響を及ぼすことになる。

　希望退職の割増退職金については、目標とする人数・人件費削減を達成するために必要十分な水準に設定する必要がある。初回の水準を抑制しないことに留意が必要である。たとえば、応募が芳しくないからといって2回目に水準を引き上げるようなことをすると、「次回はまた上がるかもしれない」という憶測を呼び、応募を控える動きを招いてしまう。

　最近、構造改革に取り組み、リストラに追い込まれる前に先行型の希望退職募集を行う例も多くなっている。この場合も大義名分を明確に説明し、社員のモチベーションに十分配慮する必要がある。

図表 3 −37　希望退職制度と早期退職優遇制度の特徴

項目	希望退職制度（例）	早期退職優遇制度（例） （104頁参照）
目的	人数・人件費削減	セカンドキャリア支援（福利厚生）
対象者	職種や勤務地等を限定する場合もあり	原則、一定年齢以上の全社員（ただし、一定のポジションにある社員を除く場合あり）
退職事由	会社都合退職（雇用保険の特定受給資格が認められる可能性大）	自己都合退職（通常の雇用保険適用）
募集時期・期間	臨時。期間限定	年1回、募集期間1カ月
目標人数設定	あり	なし
退職勧奨	あり	なし
割増退職金	基本給×○カ月分等、早期退職優遇制度よりも高額設定	基本給×○カ月分等の設定
再就職支援会社の利用	利用可（利用しない場合には割増退職金に一定金額加算）	同左

最近の裁判例に基づく人的リスク管理上の留意点⑶

退職勧奨の合理性の要件

§日本アイ・ビー・エム（退職勧奨）事件（東京高裁平成24年10月31日判決）

　通常の退職金に加えて最大15カ月分の特別加算金を支給し、再就職支援サービス会社によるサービスを提供して1,300人の任意退職者を募集することにし、3,000人前後に退職勧奨を実施した事例。裁判所は「退職勧奨の態様が、退職に関する労働者の自由な意思形成を促す行為として許容される限度を逸脱し、労働者の退職についての自由な意思決定を困難にするものであったと認められるような場合には、当該退職勧奨は、労働者の退職に関する自己決定権を侵害するものとして違法性を有し、使用者は、当該退職勧奨を受けた労働者に対し、不法行為に基づく損害賠償義務を負う」「退職に関する自己決定権を侵害するものとはいえないとしても、その具体的な言動の態様において名誉感情

等の人格的利益を違法に侵害したと認められる場合には」不法行為に基づく損害賠償義務を負うと判断している。

この判決は退職勧奨の目的や対象者選定の合理性も問題にしており、退職勧奨が合理的な目的を欠く場合や対象者を恣意的に選定した場合は、原則として労働者の退職に関する自由な意思形成を阻害するものというべき、としている。そして、対象者選定等の合理性に関して、労働者の業績評価の客観性が確保され、当該業績評価を各労働者に説明したことを重視している。

また、「職務権限を有する上司が行う退職勧奨は、職務権限の行使（筆者注：業務改善のための面談）とは明確に区別されることが相当であった」としており、これは、業務改善指導が社員の退職に関する自由な意思形成に影響を与える懸念があることを考慮しているものと考えられる。

この裁判例をふまえると、退職勧奨は社員の自由な意思決定を阻害したり、名誉感情を侵害したりするような態様であってはならず、また、対象者の選定は、客観性ある業績評価をもとにした合理的な選定であるべきこと、退職勧奨面談の実施は、業務改善と明確に区別すべきことにも十分な留意が必要ということになる。

3.4.6　処　　遇

「処遇」は、人材マネジメントサイクルにおいて、「評価」とあわせて「適正に報いる」ための重要な機能である。社員エンゲージメント向上のためには、「能力・成果等に見合った賃金アップ」「社員間の不合理な待遇格差解消」等に取り組む必要がある（69頁図表2－10参照）。この「エンゲージメントの向上」と「人材力確保・強化と人件費効率化の両立」を実現するため、報酬制度の立案にあたっては、以下の3点に留意が必要である。

① 何に対する給与・賞与なのか、社員に対するメッセージ性ある説明ができる制度とすること

② 個々の社員の評価結果、人材力向上を明確に反映する制度とすること

③　柔軟な人件費コントロールが可能な制度とすること

(1)　給与制度

職能給と職務給

　給与制度の設計にあたっては、まず、給与を何の対価として位置づけるかを決める必要があるが、この点について、以下の2つの大きな考え方の違いがある。

①　社員の「人（の能力）」の価値に対する給与
②　社員が担う「仕事の価値」に対する給与

　このうち、①が「職能資格制度＝職能給」、②が「職務等級制度＝職務給」である。従来、「職能資格制度＝職能給」の考え方をとる企業が多かったが、徐々に「職務等級制度＝職務給」の企業が多くなっている（図表3－38）[11]。

　管理職層についてみると、経年的に導入率が増加してきた役割・職務給は今回の調査では78.5%となっている。2007（平成19）年調査以降、7割以上の導入率で推移しており、管理職層への役割・職務給導入は定着してきていることがわかる。職能給は、今回の調査では57.8%となっており、2007（平成19）年調査時点で74.5%だったが、それ以降7割を切り徐々に導入率は低下している。「年齢・勤続給」は2007（平成19）年時点で33.5%だったが、こちらもその後は3割を切り、今回の調査では26.7%となっている。非管理職層では、職能給の導入率がここ数年約8割と安定的に推移していたが、今回の調査では76.5%とやや減少している。役割・職務給については導入率が右肩上がりに増加しており、2007（平成19）年調査以降は5割強で推移しており、今回の調査でも57.8%となっている。一方、年齢・勤続給は調査以来

11　「第16回日本的雇用・人事の変容に関する調査」（日本生産性本部、令和元年5月）。

図表 3 −38　賃金体系の経年変化

〈管理職層の賃金制度（体系）導入状況〉

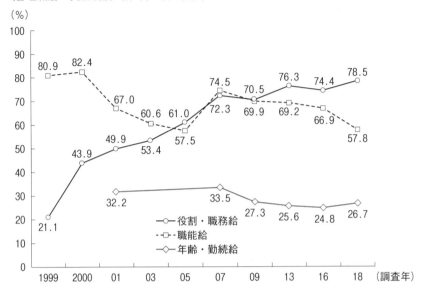

〈非管理職層の賃金制度（体系）導入状況〉

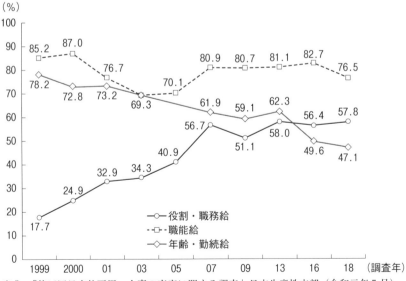

出典：「第16回日本的雇用・人事の変容に関する調査」日本生産性本部（令和元年 5 月）

ほぼ一貫して導入率は下がっており、今回の調査では47.1％と５割を切っている[12]。

「職能資格制度＝職能給」は、人の「潜在的な能力」に対する給与であり、職務価値が異なる仕事を担うことになっても、「能力」に変わりがない限り同じ職能資格区分が維持され、給与も下がらない。

これは、社内のゼネラリスト育成に重点を置き、毎年ローテーション異動を行う日本的な「メンバーシップ型」雇用形態において使い勝手のよい仕組みである。人事異動で職務価値の小さいポジションに移った場合、会社の命令で人事異動を行う以上、気持ちよく異動してほしいが、職務給のように給与が下がるような仕組みでは社員のモチベーション維持がむずかしい、ということである（図表３－39）。

逆にいえば、「職能資格制度＝職能給」には、経営者からみれば、給与が下がりにくい（下方硬直性がある）という問題点がある。基本的に潜在的能力が下がることは想定されていないので、いったん値づけされた給与を下げるのは事実上不可能であり、年齢や勤続年数による年功的な運用になりがちである。たとえば、部長だった人が部長から降りた場合も、「部長相当」の資格区分のまま、給与は変わらない、という扱いが一般的である。したがって、経営環境が激しく変化する時代のもとで、柔軟な人件費管理が必要になると、本来的な職能給を維持するのはむずかしくなる。

そこで、かたちのうえでは「職能資格制度＝職能給」の体裁を継続しつつも、みるべき能力を「潜在的能力」から「顕在的能力」に変え、顕在的能力＝具体的な行動面の現れ＝コンピテンシーにより、その評価によっては給与が下がることもありうる仕組みに変えるという方法もある。

一方、「職務等級制度＝職務給」であっても、職務が変わっても適用する

12　令和２年８月27日の新聞各紙報道によれば、トヨタ自動車は、一律に定期昇給する現在の制度を見直し、職種ごとに４～６段階の評価結果に応じて昇給金額を決め、最低評価の場合には昇給がゼロとなる制度に変更するという。対象は、係長級以下の約６万5,000人。このように、賃金にメリハリをつけることで社員の意欲を引き出し競争力向上につなげるねらいから、年功的要素を払拭または縮小していく動きが強まっていくものと思われる。

図表 3 − 39　職能給と職務給の特徴

	（本来の）職能給	（本来の）職務給
給与は何の対価か	人の潜在的能力	職務価値（ジョブサイズ）
金額大小の区分	職能資格区分	職務等級
金額査定方法	社員の能力評価	職務評価
職責の大きいポジションに異動した際の給与	上がらない（職能資格区分が変わらないまま、職責の大きなポジションに異動するのはよくあるケース）	上がることがある（ただし、給与区分が変わるような職責変更の場合）
職責の小さいポジションに異動した際の給与	下がらない（異動に伴い資格が下がり、これに伴い給与が下がることは想定していない）	下がることがある（ただし、給与区分が変わるような職責変更の場合）
年齢や勤続年数の影響	影響を受けやすく、年功的な運用になりがち	影響は受けにくい（ただし、現実には年功的な運用となる例もあり）

職務等級や給与区分を変えなければ給与は変わらない。たとえば、部長だった人が部長から降りた場合も「部長級」のまま給与を変えない、という仕組みにすることは可能であり、職務給であっても、遠慮なく人事異動を命じることはできるし、一方で給与の下方硬直性がある、ということはありうる。

　また、職務価値（＝社員が座る椅子の大きさ[13]）は、その椅子に座る人がだれかによって異なる（同じ仕事でも、職務価値は、その仕事をやる「人（の能力）」によって異なる）。この考え方をとれば、前任者時代は職務価値が小さ

---

[13]　職務価値（ジョブサイズ）は、それぞれの職務について、責任の大きさ・範囲、難易度等の職務評価により大小が決められる。代表的な職務評価の方法としては、ヘイ・グループ（Hay Group。現在は、コーンフェリー社Korn Ferry）の「ガイドチャートプロファイル法」、マーサー社（Mercer）の「IPEシステム（International Position Evaluation）」があり、評価結果は「ヘイ・ポイント」あるいは「ポジションクラス」で数値化される。職務価値の大小については、社員に対しできるだけ透明性の高い説明をすることが望ましいので、上記のような第三者のツールを使うことも選択肢となろう。社内すべてのポジションを直接的な評価対象にする必要はなく、いくつかの代表的なポジションを選んで評価し、ベンチマーキングしていくことも可能である。

図表 3 −40　職能給と職務給の変容（イメージ）

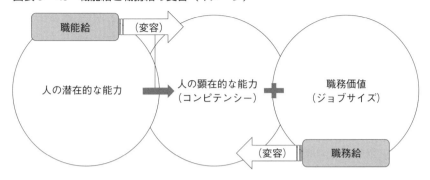

かったポジションに異動になっても、後任者の能力によっては、後任者が異動前の給与を維持する運用もありうる。

　というわけで、「職能資格制度 = 職能給」と「職務等級制度 = 職務給」は、本来は対極的な考え方でありながら、事実上同質化してきている面がある（図表 3 −40）。

　職務給の形態の一つとして、職務等級ごとに給与レンジを設定する範囲給方式があり（後述。152頁参照）、そのレンジ内で人によって異なる給与金額を設定したり、評価結果に基づいて職務給の昇給を行ったりするケースがある。これも、職務給に「人」の要素を加味している表れである。

　また、「役割給」という概念があるが、これは、社員に「役割」を与え、その役割の発揮度合いに応じて給与を支払うという考え方である。職務価値をベースにその仕事をする「人」の能力の要素を加味し、個々のポジションの職務内容に可変性・柔軟性をもたせる意図がある。外資系投資銀行や海外の金融機関の給与は、「ジョブ」にリンクする給与であるが、「職務給」とか「役割給」といった言葉の使い分けを意識する話は聞いたことがなく、半ば当然に「人」の要素が含まれるものとして理解されているように思われる。「職務給」と「役割給」との間に本質的な違いはなく、ことさらに「役割給、役割給」と強調する必要もないのではないか。

　以上説明したとおり、「職能給」と「職務給」の垣根は低くなっているが、基本的には、一つひとつのポジションの戦略性の大小等に基づき職務価

値を測定・確認し、その職務価値に見合う社員を配置したり、職務価値に見合う給与を支給したりするアプローチのほうが、より直接的に企業戦略と紐づく制度となりうる。実務上は、管理職層から非管理職層までのすべてにわたり一つひとつのポジションについて職務価値を測定し管理することはむずかしいと思われるが、企業価値向上を目指す処遇制度として、少なくとも管理職層については職務給を軸に設計することが望ましい。

最近の裁判例に基づく人的リスク管理上の留意点(4)

年功的職能給の問題点

§九州惣菜事件

　職能給の運用が年功的になっている場合、定年後の人材活用（定年再雇用時の処遇設定）（179頁参照）の場面で問題が顕在化する。この点で興味深い事例が、九州惣菜事件（福岡高裁平成29年9月7日判決。なお、最高裁第一小法廷平成30年3月1日決定（上告不受理））である。

　この事案は、正社員の定年に際して、企業が1年の有期雇用、月16日または週3日、1日6時間勤務、時給900円の条件提示をしたのに対し、社員がこれを拒否。裁判所は、再雇用後の労働契約上の地位は認めなかったが、定年前の月収33万5,500円から8万6,400円（月16日勤務換算）へと74％の減額となる条件提示につき、企業の裁量権の逸脱・濫用があったと判断し100万円の慰謝料を認めた。

　本件の社員は、入社以来一貫して本社で勤務した女性事務職員であり、「同じ部署（筆者注：総務部）の部長に次いで賃金が高く、業務量や業務内容、役職等に照らしてみれば、（社員の）定年前の賃金は、年功序列的色彩が強く、必ずしも担当する業務内容等に即したものとはいい難い。したがって、定年退職を一つの区切りとして、担当する業務に即する形で賃金の見直しを行うことには相応の合理性が存する」「定年前に（社員が）担当していた業務については、新たな求人をすることなく、既存の従業員で賄うことができている」（一審の福岡地裁小倉支部平成28年10月27日判決）状況であった。

　仮に職務給であれば、他の社員で代替可能な職務を担う事務職員が「部長に次いで賃金が高い」状況にはなかっただろうと考えられるが、そのような職務を定年まで担ってきた正社員について、定年再雇用を機にパートタイム社員の

処遇に変更してよいか、という問題である。60歳定年後の継続雇用が法律的に義務化されたがゆえに、職能給が年功的に運用された場合の問題が顕在化した典型例ということができるのではないだろうか。また、定年後再雇用時において、パートタイム社員とはしないまでも、現役時代に比べて職務を軽減し、その職務価値相当の給与に引き下げる例は少なくない。定年前はきわめて年功的な職能給をとっているのに、定年後は職務給に切り替えるがゆえに定年前後の崖が大きくなっている場合には、定年前の制度・運用を早急に見直す必要があるということであろう（後述3.4.6(3)、180頁参照）。

給与制度変更時の留意点（労働条件の不利益変更問題）

　たとえば、従来の職能給を職務給に変更する等、給与制度を変更する際には、それに伴い社員の給与が旧制度時に比べ顕著に下がる可能性から「労働条件の不利益変更」が問題となるため、十分な検討が必要である。具体的には、労働契約法に定められた条件を満たす必要があり、社員全員の個別同意を得る（労働契約法9条）か、社員全員の個別同意がむずかしい場合には、①不利益の程度、②変更の必要性、③変更後の内容の相当性、④労働組合等との交渉の状況の4つの観点から「合理性」を説明できる制度変更とすることが重要である（労働契約法10条）。

　また、古くから家族手当や住居手当を正社員に支給していた企業において、個々人の生活設計という属人的な態様による支給有無・格差の公平性の問題、あるいは、非正社員との間の公平性（同一労働同一賃金）の問題（177頁参照）から、これらの手当を廃止する事例が多くみられる。この場合も、上述と同様、不利益変更の合理性が問題となることに変わりないが、序論（13頁）でも記したとおり、理屈はともあれ、とりわけ衣食住に直接関係する手当については社員感情に相応の配慮が必要である。変更の必要性についての説明や、代償措置の一環として「手当廃止による原資を賞与に回すので、高い業績貢献を示した社員は従来よりも高い処遇を得るチャンスがある」といった説明を丁寧に行うべきであろう（代償措置については147、157、160頁参照）。

社員の「合意」について

§山梨県民信用組合事件（最高裁第二小法廷平成28年2月19日判決）

　退職金減額の規程変更につき、社員が同意書に署名捺印していたが、これが「同意」といえるか問題となった事例。最高裁は、「使用者が提示した労働条件の変更が賃金や退職金に関するものである場合には、当該変更を受け入れる旨の労働者の行為（筆者注：署名捺印）があるとしても、労働者が使用者に使用されてその指揮命令に服すべき立場に置かれており、自らの意思決定の基礎となる情報を収集する能力にも限界があることに照らせば、当該行為をもって直ちに労働者の同意があったとみるのは相当ではなく、当該変更に対する労働者の同意の有無についての判断は慎重にされるべきである」「当該変更を受け入れる旨の労働者の行為の有無だけでなく、当該変更により労働者にもたらされる不利益の内容及び程度、労働者により当該行為がなされるに至った経緯及びその態様、当該行為に先立つ労働者への情報提供又は説明の内容等に照らして、当該行為が労働者の自由な意思に基づいてされたものと認めるに足りる合理的な理由が客観的に存在するか否かという観点からも、判断されるべきものと解するのが相当」と判断し、本件では具体的な不利益の内容や程度についての情報提供や説明がなかったので、「同意」とはいえない、と結論づけている。この判例をふまえると、「とりあえず同意書を徴求しておく」対応では不十分であり、具体的な不利益の内容・程度について、社員が同意をするか否かについて自ら検討し判断するために必要十分な情報を事前に提供する必要がある。

制度変更の「合理性」について

§東京商工会議所事件（東京地裁平成29年5月8日判決）

　賃金総額の変更を伴わない年功序列型賃金体系から成果主義型体系への合理性が問題となった事例。裁判所は、「変更の必要性」について、「（本件法人において）企業や市場の需要をとらえ、政策要望や新規事業を創出・支援することが求められているため、与えられた課題に対応するのではなく、課題を予測して事前に行動できる人材を育成する必要性が生じてきている」「課題を先取りしなくても昇進できるという事情から、職員の中により高い成果を得ようとする雰囲気が不足しているといった課題に対処するための人事評価制度が検討

された」等の経緯から、「経営難から人件費を削減しようとするものではなく、組織において必要な人材を育成し、組織を強化するなどの観点から人事制度を見直すことを目的として賃金体系を変更したものであり、いわば賃金の配分の仕方を見直したもの」と認定している。なお、「人件費を削減してその分使用者に利益を留保させる目的による変更であれば、それがなければ経営を維持できないような危機的状況があるかを厳格に考える必要もあろう」としており、賃金総額が維持されていることも合理性の判断要素とされている。

「不利益の程度」については、原告社員にとっては月額11％程度の減額であり、賞与にも影響するので不利益自体必ずしも小さくないが、評価次第で増額・減額いずれもありうる制度変更であること、また、だれについても昇級の機会が与えられ、成果をあげることによって増額となる可能性もあり、降給についても将来的な可能性があるにすぎないことに照らせば、不利益は重大なものとして考えることはできない、と判断している。

「内容の相当性」については、①成果主義型賃金制度については、年功序列型賃金制度の短所を補い企業価値の増進につなげるという一般的な効果をもたらす以上、その導入にも一応の合理性があること、②どの従業員に対しても人事評価の結果次第で等しく昇級および昇給の機会が与えられるという意味で公平性があり、等級の役割に関する定義の内容も一般的な合理性を認めることができること、③こうした新たな賃金制度が公平・公正なものとして機能するためには、人事評価が適正になされ、等級への格付や昇給、降給の判断が適切になされることが必要であるが、本件制度は、人事評価制度として必要とされる程度の合理性を備えている、と判断している。また、給与減額の代償措置については、調整給の支給に一応の緩和措置としての意義はあり、その支給期間中に2回の昇級・昇給の機会があることにも照らすと、合理性を基礎づける要素として考慮に値すると判示している。

「労働組合等との交渉状況」についても、数年にわたる交渉経緯があることや、職員向けの説明会や給与のシミュレーション提示等、丁寧な説明をしたことを認め、本件変更について、合理性を肯定している。

なお、成果主義的賃金制度への変更の必要性について、以下のような判断をした裁判もあり、実務上、参考になる。

「市場がグローバル化し、日本国内において海外メーカーとの競争が激化して、売上げ、営業利益が減少し、税引き前損益が損失に転じたという経営状況の中で、事業の展望を描き、組織や個人の実績に見合った報奨でインセンティブを与えて積極的に職務に取り組む従業員の活力を引き出すことにより労働生

産性を高めて（企業の）競争力を強化し、もって（企業の）業績を好転させるなどして早期に技術ノウハウの開発が可能な企業を目指すこととして、賃金制度の変更を検討することとしたというのであり、これによれば、本件賃金制度の変更は、（企業にとって）高度の経営上の必要性があった」（ノイズ研究所事件、東京高裁平成18年6月22日判決）。

「労働生産性と直接結びつかない形の年功型賃金体系は合理性を失いつつあり、労働生産性を重視し、能力・成果主義に基づく賃金制度を導入することを求められていた」（ハクスイテック事件、大阪高裁平成13年8月30日判決）。

以上の裁判例をふまえると、実務上、制度変更の目的と必要性を企業の事業環境・戦略に紐づけて明確に設定し、それに基づく制度設計を行うことが重要である。また、変更の合理性判断にあたり、成果主義型賃金体系の場合、公平・公正な人事評価の設計・運用、その結果による昇級・昇給の機会の公平性が要素とされており、この点にも留意が必要である（なお、不利益の程度と代償措置・激変緩和措置等については157、160頁参照）。

◆ 参 考 ◆

給与は職能給のまま、ジョブサイズを賞与に反映する制度

1980年代後半〜1990年代初めであるが、職能給をとりつつ、管理職の賞与にジョブサイズを反映させる仕組みを導入した例がある。同じ職能資格区分で給与が同じでも、担当職務のジョブサイズの違いに応じて賞与の標準金額（100%目標達成の場合の賞与）に格差をつける。たとえば、同じ職能資格の社員が2人いて、担当職務のヘイ・ポイントがそれぞれ800と500である場合、2人の賞与の標準金額に1.3倍の差をつける。

このねらいとしては、職能資格制度の運用自体は年功的な色彩が強かったが、賞与のメリハリをつけることで職務の違いに応じた処遇を実現しようとするものであった。この制度が長続きしなかった理由は、社員から「椅子に『貴賎』をつける」ものと受け止められ、不公平感を招き、組織風土にネガティブに作用したこと、また、格差をつけるのが賞与だけであっても、ひとたび高い値段の椅子についた社員を低い値段の椅子に変えるのはむずかしく、異動制約を招いたことである。この制度は、当時としては革新的過ぎたのかもしれない。

職務給制度設計の考え方

次に職務給制度設計の考え方につき、概要を説明する。

① 基本給の決定要素

基本給につき、その金額を決める要素を検討する。たとえば、職務価値をベースとしつつ、職務価値には、その仕事をする社員のコンピテンシーの大小の要素も加味するものとする。また、競合他社対比の競争力を意識した給与を目指す。この場合、基本給の決定要素は以下の３つとなる。

・社員が担う役割の責任範囲や大きさ

・成果をあげるために期待される行動（コンピテンシー）

・報酬のマーケット水準との比較

これに対し、賞与は毎年の業績連動により決定するものと位置づける（図表３−41）。

図表３−41　基本給と変動賞与の決定要素

② 職務等級の設定

職務価値の大きさの違いに応じた「職務等級」を設定する。その区分と定義については、図表３−42のような例がみられる。ここではA、B、C、D、Eとしているが、数字でもよいし、MD（Managing Director）、D（Director）、VP（Vice President）といったタイトルと同じ区分でもよい。このような職務等級の区分をもとに、個々のポジションを当てはめていく。ただし、以下の例は、文末の「管理職務群」「専門職務群」を「社員」に変えれば、従来よくみられた職能資格基準とほとんど変わりなく、抽象的な感は否めない。

企業が「プロフェッショナル人材」を育成・確保するため、あるいは社員が自ら目標をもってプロフェッショナル人材を目指して能力開発に取り組むことを支援するためには、企業が求めるプロフェッショナル人材の発展段階

図表 3 −42　職務等級の設定例 1

職務等級区分	定義
A等級	部門戦略を立案し、広範な業務領域にわたる経営上の重要事項に関する意思決定と実行に責任をもつ管理職務群、またはこれを直接支援する専門職務群
B等級	高い管理能力を発揮して部門内の意思決定に参画し、実行にあたる管理職務群、または高い専門性を発揮して部門内の意思決定と実行を支援する専門職務群
C等級	上位者の包括的な指示のもと、一定の業務領域において裁量的に企画・調査・分析・立案、営業管理・支援、または営業活動にあたるマネジメント補佐職務群、または専門性のある業務を独力で担う専門職務群
D等級	上位者の具体的な指示のもと、十分な知識・経験をもとに業務を着実かつ効率的に行い、より複雑な業務遂行が期待される職務群
E等級	上位者の直接的・具体的な指示のもと、決められた業務を行う職務群

（＝社員にとっての専門性・能力開発のマイルストーン）を示すため、各部門の業務特性に応じて、求める専門性等の内容とレベルをできるだけ具体的に記載した等級基準とすることが重要である。一例として、図表 3 −43のような枠組みとすることが考えられる。

　なお、技術的には、職務価値の指標（前述したヘイ・ポイント等）で800以上はA等級、600〜800はB等級、といったような設定を行う方法もありうる。個別ポジションの等級設定に関して第三者的な客観性をもたせる観点では有益であるが、仕組みが複雑であり（少なくとも複雑にみえ）、社員にそのまま開示するのにはなじまないため、内規的な使用ということになるであろう。

　等級の設定に関しては、社員に求める専門性とコンピテンシー（具体的な行動様式）をそのまま等級基準にするアプローチも考えられる。たとえば、「お客さまに寄り添って課題解決のストーリーを描き、新しいアイデアに挑

図表 3 −43　職務等級の設定例 2

	専門性	裁量の大きさと職務の影響度	問題解決のレベル
A等級	高度で複雑な専門領域において、社内第一人者と認知される程度の高い専門スキル・ノウハウを要する職務	全社方針や包括的な部門方針のもと遂行され、部門業績に直接的に重大な影響度をもつ職務	ビジネスの方向性や事業戦略に基づき個別戦略を考え、創造的に新しい問題を解決する職務
B等級	幅広く深い知識と経験に裏付けられた熟達した専門スキル・ノウハウを要する職務	上位者からの方向づけのもと遂行され、部門業績に直接的・間接的に主要な影響度をもつ職務	達成すべき課題に対し分析的・建設的に戦術を考え、環境変化に応じて新たな問題解決を行う職務
C等級	経験を通じて一定の幅と深さをもつ専門スキル・ノウハウを要する職務	上位者からの概括的なガイダンスや標準的な手順に従って遂行され、部門業績に影響を与える、あるいは他者の業務遂行を直接的に支援・促進する職務	習熟した専門領域において、従来のアプローチだけでなく、状況に応じて新たなアプローチを考え、問題解決を行う職務
D等級	基本的な業務知識と標準的な実務遂行に対応しうるレベルの専門知識を要する職務	上位者の明確なガイダンスや厳密に定められた手順に従って遂行され、部門の重要事項に関し部分的・補助的な支援を行う職務	基本的には従来の経験値に基づき判断し、創意工夫を加えつつ問題解決を行う職務

（注）　上記の専門性、裁量の大きさと影響度、問題解決のレベルについては、職務領域ごとに、より具体的な内容を記載した別表をあわせて作成する。

戦し、内外の関係者と連携・協働し、高い専門性を発揮してスピーディに具体的な結果を出す」プロフェッショナリズム（9頁参照）を社員に求めるのであれば、「専門性」の内容とレベルだけでなく、「お客さま起点」「構想力」「変革・挑戦」「連携・協働」「課題解決」等を示す行動様式についても、職務領域別・レベル別に具体的に設定する（たとえば、営業部門の課長ポ

ジションには、どういう専門性、あるいはどういうお客さま起点の具体的な行動が求められるのか等を記述する)。こうなると「職務等級」ではなく、「専門性・行動等級」というべきものになるかもしれないが、そのまま人事評価の基準となり、社員がどういう専門性を身につけ、どう行動すれば評価され昇級できるのかのマイルストーンを示すものともなり、「プロフェッショナル人材」育成・確保に向け効果の高いものになると考えられる。

③　範囲給方式の基本給設計

　図表3−44は、ある外資系金融機関の実例のイメージであるが、競合他社水準も参照しつつ、それぞれの職務等級における標準的な基本給金額を設定し、±15〜20％の上限・下限からなるレンジを設定する(レンジの真ん中がその等級の標準金額となる)。このレンジ内の金額は連続的であり、細分化された号俸等は設定しない(この方式を以下「範囲給方式」と呼ぶ)。

図表3−44　範囲給方式の職務給設定(イメージ)

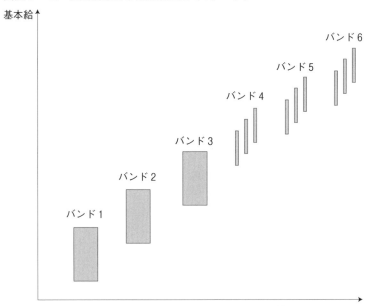

(注)　「バンド」は、ある外資系企業の用語で、等級区分と同義。

152

一定以上の管理職や専門性の高い職務については、たとえば、営業、商品開発、事務等の職務の違いによって給与の競合他社水準がかなり異なる場合があるが、その場合には、給与水準の競争力を考慮し、同一の職務等級内において職務類型に応じた複数のレンジを設定する。

報酬の競合他社水準については市場調査を行って毎年確認し、これをもとに必要に応じてレンジの見直しを行う。

◆ 参 考 ◆

報酬の市場調査

社員のエンゲージメント対策として、可能であれば、報酬の他社対比の競争力を確認・考慮すべきである。報酬のマーケット水準の確認方法としては、マーサー、ヘイ、ウィルス・タワーズ・ワトソン、マクラガン等のコンサルタント会社の報酬調査を利用する方法がある（コンサルタント会社によって得意な業種等特徴があるので、利用する場合には留意が必要）。あるいは、採用エージェント会社から個別に情報収集する方法、その他、同業他社との情報交換による方法もある。

④　範囲給方式における基本給の定時改定

基本給については、「定期改定」と「随時改定」を実施するが、毎年、年齢や勤続年数に応じて給与を機械的に上げるような「定期昇給」は行わない。

・定期改定：毎年１回、人事評価結果に応じて基本給を見直す
・随時改定：年度途中に職務変更があった場合、基本給を見直す

このうち、定期改定は、個々人の評価結果に応じて実施する基本給の見直しである。具体的な昇給率については、それぞれの社員の基本給の高さ（ペネトレーション）も勘案したガイドラインを設定し、これに基づき決定する。

ペネトレーションは、ターゲットレンジ内の個々人の給与水準の相対的な位置づけであり、レンジの上限を100パーセンタイル、下限を0パーセンタイルとして、パーセンタイル表示される（図表3-45）。

定期改定の昇降給ガイドラインのイメージは図表3-46のとおり。マトリックスのなかの昇給率・降給率は固定値ではなくレンジで設定する。このガイドラインは、毎年、会社業績や競合他社等の世間動向もみて更新する。

組織単位で昇給ファンド（組織単位所属の社員全員分の昇給総額予算）を配賦し、そのファンド内に収まるように、上司が個別に昇給・降給金額を決める。この際、部下の業績評価に応じて、できるだけメリハリある昇降給を行うこととする。個別の具体的な給与決定まで上司に権限委譲することで、部下に対するマネジメントを強める効果が期待できる。

一つ補足すると、ガイドライン上、評価とペネトレーションによっては、

図表3-45　範囲給のペネトレーション

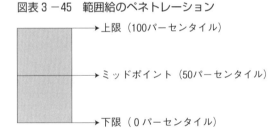

上限（100パーセンタイル）

ミッドポイント（50パーセンタイル）

下限（0パーセンタイル）

図表3-46　昇降給ガイドライン（イメージ）

ペネトレーション ＼ 評価ランク	5	4	3	2	1
25％未満	＋＋＋	＋＋	＋	0	0
25％以上50％未満	＋＋	＋	0～＋	0	△
50％以上75％未満	＋	0～＋	0	△	△△
75％以上	0～＋	0	△	△△	△△△

注：＋：昇給％（＋の数が多いほど昇給率大）、△：降給％（△の数が多いほど降給率大）。

降給となる場合を設ける。これは、評価結果に応じた処遇のメリハリをつけ、給与の下方硬直性を回避するねらいであるが、このような降給のケースを設定する場合、就業規則に明確に規定し、社員への事前周知を行うことが必要となる点に留意が必要である。

　なお、定期改定時に降給のケースを設けるのは、特にアメリカ的な感覚からするとかなり違和感のあることのようである。アメリカは随意雇用（Employment at will）なので、業績が悪ければ解雇すればよく、「評価結果によっては給与が下がる」などという迂遠な手段は不要、ということになるからである。

最近の裁判例に基づく人的リスク管理上の留意点⑹

降給を行うための要件

§エーシーニールセン・コーポレーション事件（東京地裁平成16年3月31日判決）

　営業譲渡により譲渡先の成果主義給与制度が適用されることとなり、当初、降給はなかったものの、後にコンピテンシー評価が低かったことから、原告社員の給与が月額6,500円〜2万円弱降給となった事例。これに対し、裁判所は、「労働契約の内容として、成果主義による基本給の降給が定められていても、使用者が恣意的に基本給の降給を決することが許されないのであり、降給が許容されるのは、就業規則等による労働契約に、降給が規定されているだけでなく、降給が決定される過程に合理性があること、その過程が従業員に告知されてその言い分を聞く等の公正な手続が存することが必要であり、降給の仕組み自体に合理性と公正さが認められ、その仕組に沿った降給の措置が採られた場合には、個々の従業員の評価の過程に、特に不合理ないし不公正な事情が認められない限り、当該降給の措置は、当該仕組みに沿って行われたものとして許容される」として、結論としては企業側勝訴となっている。

　人事評価結果に基づく降給の有効性については、「使用者は、雇用契約に基づき、労働者の人事評価一般について裁量権を有すると解されるから、（企業の）新人事制度下における人事評価の内容についても、（企業の）合理的な裁量に委ねられる。したがって、（企業において）（社員に対する）人事評価について、評価の対象となる事実の基礎を欠き、または事実の評価が著しく合理性

を欠く場合や、不当な動機、目的に基づいて評価をしたなどの裁量権の逸脱、濫用がない限り、当該人事評価およびそれに基づいてされた降格・降級は有効であると解される」という裁判例もある（有限責任監査法人トーマツ事件、東京地裁平成30年10月18日判決）。

　これらの裁判例をふまえると、まず、就業規則等労働契約のなかに降給があることを明記し（なお、単に「昇給することがある」という規定では降給の場合があることを読み込めず不十分であることにも留意）、明確な評価基準、上司からの十分な説明、不服申立ての手続といった要件を整える必要がある。また、公平・公正な評価が前提となることから、評価者のトレーニングを実施して、評価基準と運用方法につき十分周知徹底しておくことも重要であろう。

　なお、従来の制度を変更して、新たに降給の仕組みを導入する場合には、前述（145頁参照）の労働条件の不利益変更となるので、不利益の程度、変更の必要性、内容の相当性、労働組合等との交渉状況の４要素の観点から、合理性を説明できるようにしておく必要がある。上記の明確な規定、明確な評価基準、不服申立て手続等は、このうちの「内容の相当性」を説明するための材料となる。

⑤　範囲給方式の基本給の随時改定

　以上の「定時改定」に対し、基本給の「随時改定」は、期中の異動等に伴い実施する基本給の見直しである。同じ職務等級内にとどまる異動の場合には、原則として基本給を据え置くが、その社員を異動したことの政策的な意図、リテンション目的の有無、周囲の社員の給与水準との比較感等を勘案して、基本給の引上げを行うこともありうる。

　これに対し、異なる職務等級の職務に異動した場合の基本給の改定については、以下の手順で実施する。

　まず、この場合、職務変更前の基本給が、職務変更後の職務等級に対する基本給のレンジ内にあるかどうかで方法が異なってくる（図表３−47）。以下に３つのパターンを示す。

ⅰ）　職務変更前の基本給が、職務変更後の職務等級に対する基本給のレンジ内にある場合（図表３−47の①・②）は、原則として基本給を据え置きとする（上述した「同じ職務等級内にとどまる異動」と同様）。

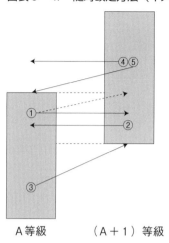

図表3－47　随時改定方法（イメージ）

A等級　　　（A＋1）等級

ⅱ）　上位等級に変更となり、職務変更前の基本給が、変更後の職務等級に対
　　するレンジに未達の場合は、基本的には上位等級のレンジ下限金額まで昇
　　給させる（図表3－47の③、図表3－48）。

ⅲ）　下位等級に変更となり、職務変更前の基本給が、変更後の職務等級の
　　ターゲットレンジを超過する場合は、以下2つの選択肢があり、これは、
　　企業のスタンス次第である。

　　a　レンジ上限額を超える基本給を例外的に許容する（図表3－47の④）。

　　b　レンジ上限額まで調整を行う（図表3－47の⑤）。

　bの上限額まで調整を行う場合、不利益変更の合理性を確保するため、従
来の基本給とレンジ上限額の差額を一気に減額するのではなく、「調整手
当」を支給することにより、たとえば毎年3分の1ずつ段階的に減らしてい
く代償措置（激変緩和措置）をとる必要がある。また、1回当りの減額幅を
変更前基本給の10％以内とすることが望ましい（図表3－49）。

　なお、この減額幅の実務上の上限は、労働基準法91条「減給の制裁を定め
る場合においては、1回の額が平均賃金の1日分の半額を超え、総額が1賃
金支払期における賃金の総額の10分の1を超えてはならない」をふまえたも

図表3－48　昇級に伴う給与調整例

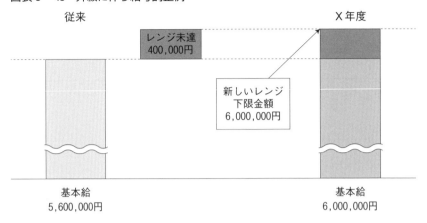

従来

X年度

レンジ未達
400,000円

新しいレンジ
下限金額
6,000,000円

基本給
5,600,000円

基本給
6,000,000円

図表3－49　降級に伴う給与調整例

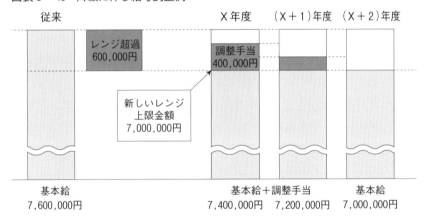

従来

X年度　（X＋1）年度　（X＋2）年度

レンジ超過
600,000円

調整手当
400,000円

新しいレンジ
上限金額
7,000,000円

基本給
7,600,000円

基本給＋調整手当
7,400,000円　7,200,000円

基本給
7,000,000円

のといわれている。実務的には、調整手当償却途中に定期改定や随時改定を
実施する場合の調整手当の扱いも決めておく必要がある。

　労働条件の不利益変更にかかわる実務的にむずかしい問題として、管理職
等級から非管理職等級への降級がある。

　人事権に基づき役職から降ろす「降職」は、裁量権の逸脱・濫用とならな
い限り、就業規則上の根拠規定の有無にかかわらず経営判断に基づいて行う

ことができる。また、給与規程等で役職と給与の関連性を示していれば、給与を減額することも可能である。ただし、管理職と非管理職の間には、住宅補助や退職金、弔慰金等の福利厚生制度上、大きな格差が設定され、管理職から非管理職に変えると不利益変更の程度が大きいケースも多い[14]。企業内労働組合のある企業においては、組合との関係も考えなければならない。だからといって、管理職としてふさわしい能力発揮がみられず、業績貢献の低い社員をそのままにしておくのは最適な人材活用の観点から、また、他の社員からみた公平感・エンゲージメントの観点からも望ましいことではない。制度上、管理職と非管理職の労働条件の格差が大きく、降職・降級を行うと不利益の程度が大きい場合には、激変緩和措置や、管理職相当の等級に「引き込み線」（降職対象者向けの給与テーブル）をつくる等の工夫が必要である。

最近の裁判例に基づく人的リスク管理上の留意点(7)

降級に関する社員向け説明について

§マッキャンエリクソン事件（東京高裁平成19年2月22日判決）
　成果主義賃金制度への移行に伴い降級制度を導入し、その際、社員向け冊子で「降級制度はあくまで例外的なケースに備えた制度と考えています。著しい能力の低下・減退のような場合への制度です。通常の仕事をして、通常に成果を上げている人に適用されるものではありません」と説明していたが、管理職が評価の結果、降級となり、月額約8万円の減額となった事例。これに対し、裁判所は、降級処分が有効であるというためには、使用者が、根拠となる具体的な事実をあげて、本人の顕在能力と業績が、本人の属する資格に期待される

14　L産業事件（東京地裁平成27年10月30日判決）の実例をみると、マネジメント職からスタッフ職への降職・降級により、基本給は約14万円、賞与は年間で112万円減額となっている。ただし、残業手当が支給されるので、月額では年間合計で44万円から60万円の増額となり、合算すると、年収は4.5%から5.9%程度の減収となった事例である。裁判所は、「ここで生じた減収を少額ということはでき（ないが）、マネジメント職の地位からはずれ、その職務内容・職責に変動が生じていることも勘案すれば、……上記減収程度の不利益をもって通常甘受すべき程度を超えているとみることはできない」と判断している。

ものと比べて著しく劣っていることを主張立証すべきであるとし、社員が元の等級にあることと差額賃金請求を認めた。この裁判例をふまえると、前述（155頁参照）の降給の場合と同様、降級の前提として、人事評価の公正・納得感ある制度・運用が不可欠であり、あわせて、制度の導入趣旨・目的を正確に社員に説明して、「いっていることとやっていることが違う」ことにならないよう十分留意すべきであろう。この事案の社員向け冊子は「（降級は）著しい能力低下・減退の場合に例外的な制度」と説明しているが、職務基準の制度であれば、職務の変更に伴って給与も連動するのが当然であり、裁量権の逸脱・濫用がない限り、職務変更とそれに伴う降級・降給は可能である（ただし、前述（97頁参照）のとおり、①業務上の必要性がない場合、または、②業務上の必要性があっても、他の不当な動機・目的をもってなされたものであるとき、もしくは、社員に対し通常甘受すべき程度を著しく超える不利益を負わせる配転命令は権利濫用となる。たとえば、エルメスジャパン事件（東京地裁平成22年2月8日判決）は、職務給制度のもとIT技術者として5年勤務した社員の倉庫係への配置転換について無効と判断している）。

§ハネウェルジャパン事件（東京高裁平成17年1月19日判決）

　管理職として中途採用した社員のパフォーマンスが低く、降職し、給与も下げるケースについて、「3～5ヵ月程度の期間では、被降格者の資質や能力を判断するのに十分ではない」「降格は、社長が自己に反発する者への対抗措置として行ったもの」と判断した裁判例がある（ハネウェルジャパン事件、東京高裁平成17年1月19日判決）。降職に至る評価については、公正・公平性に加えて、客観性も重要である。

§キョーイクソフト事件（東京高裁平成15年4月24日判決）

　労働条件の不利益変更に関する合理性の判断要素のうち、「変更後の内容の相当性」の考慮要素として、減額の代償措置がある（145頁参照）。この代償措置について、前述（148頁参照）のノイズ研究所事件では、賃金減額の差額分の調整手当を1年目は全額、2年目は50％、3年目からゼロとする経過措置をとっているが、裁判所は「それなりの緩和措置」と評価している。また、有限責任監査法人トーマツ事件（156頁参照）では、降格に伴う月額7万円の基本給減額に対し、3万6,000円の調整加給を支給して減額幅を抑えているが、「従業員の生活に与える影響に配慮した運用がなされていることは、制度の合理性を基礎付ける一事情として考慮することができる」と判断されている。これに対し、キョーイクソフト事件（東京高裁平成15年4月24日判決）は、月約44万円から37万円に7万円程度減額し、そのかわり月約2万円の補償をした事案で

あるが、「緩和措置としては十分とはいえない」という判断となっている。これらの裁判例をふまえると、基本給減額に伴う社員の生活面の影響を考慮に入れて調整手当を一定期間支給し、一定の年数をかけて段階的に本来の基本給に位置づける方法が必要といえるであろう（157頁参照）。

⑥　号俸テーブル方式の基本給設計

　上述の範囲給方式（152頁参照）の場合、個別の具体的な給与決定まで上司に権限委譲することで、部下に対するマネジメントを強める効果が期待できるが、同じ評価ランクでも全社的にみると人によって昇給金額がばらつくので、数年間のうちに格差がかなり大きく広がる可能性もある。企業規模や企業文化によっては、このようなバラツキを許容しがたいケースもある。また、範囲給の場合、基本給金額・昇降給金額は端数まで個々人によってばらつくので、給与処理の実務上、手間のかかる仕組みではある。

　これに対し、集団的・マス管理になじみやすい給与設計として、職務等級ごとに階差的な基本給区分のテーブルを設け、評価結果に応じて「号俸」の上げ下げを行う「号俸テーブル方式」がある。

　号俸方式の基本給テーブルは図表3−50のようなイメージである（金額は実在のものではない）。

　このテーブルを作成するにあたっては、まず、新卒採用した社員が定年退職するまでの賃金水準の推移（賃金カーブ）につき、数種類のモデルパターンを設定する（図表3−51）。このモデルパターンの賃金カーブを描くことができるよう、基本給と各号俸の間隔を逆算するかたちで号俸テーブルを作成する。

⑦　号俸テーブル方式における基本給の定時改定

　号俸テーブル方式の場合の定時改定は、図表3−52のような昇降給ガイドラインを設定して実施する。昇降給ガイドラインは、等級と評価ランクに応じて増減する号俸数の一覧表である。

　範囲給方式の定期改定は、「昇給ファンド（組織単位の社員全員分の昇給総額）の予算が配賦され、その範囲内で上司が個別に昇給・降給金額を決め

図表 3 －50　号俸方式基本給テーブル

号俸＼等級	A等級	B等級	C等級	D等級
20	256,000	315,000	494,000	623,500
19	252,000	310,000	488,000	617,000
18	248,000	305,000	482,000	610,500
17	244,000	300,000	476,000	604,000
16	240,000	295,000	470,000	597,500
15	236,000	290,000	464,000	591,000
14	232,000	285,000	458,000	584,500
13	228,000	280,000	452,000	578,000
12	224,000	275,000	446,000	571,500
11	220,000	270,000	440,000	565,000
10	216,000	265,000	434,000	558,500
9	212,000	260,000	428,000	552,000
8	208,000	255,000	422,000	545,500
7	204,000	250,000	416,000	539,000
6	200,000	245,000	410,000	532,500
5	196,000	240,000	404,000	526,000
4	192,000	235,000	398,000	519,500
3	188,000	230,000	392,000	513,000
2	184,000	225,000	386,000	506,500
1	180,000	220,000	380,000	500,000
0		215,000	374,000	493,500
－ 1		210,000	368,000	487,000
－ 2		205,000	362,000	480,500
－ 3		200,000	356,000	474,000
－ 4			350,000	467,500
－ 5			344,000	461,000
－ 6			338,000	454,500
－ 7			332,000	448,000
－ 8			326,000	441,500
－ 9			320,000	435,000
－10			314,000	428,500

図表 3 −51　賃金カーブのモデルパターン

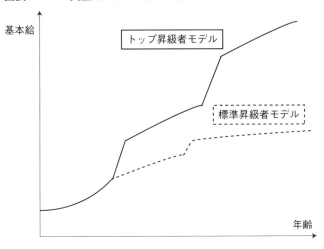

図表 3 −52　昇降給ガイドラインの例

等級＼評価ランク	5	4	3	2	1
D等級	＋2	＋1	±0	±0	－2
C等級	＋3	＋2	±0	－1	－2
B等級	＋3	＋2	±0	－1	－2
A等級	＋3	＋2	＋1	±0	－2

る」という方法であった（154頁参照）が、これに対し、号俸テーブル方式の場合、個々人の評価ランク等に応じて上記のようなルールにより昇降給金額を機械的に決めるので、同じ等級・同じ評価ランクであれば、上司裁量による金額決定のバラツキは起きない。

　ただし、たとえば、評価ランクの分布が高評価のほうに大きく偏ったときには、全社の昇給合計額が想定以上に上振れする可能性がある。これを避けるためには、評価ランクを強制分布させる（正規分布となるよう、評価ランクの出現率につき、たとえば評価ランク5は10％、4は20％、3は50％、4と5で

20%といったかたちでコントロールする）必要がある。昇給ファンドによる制約をかけるかわりに、「相対評価」を行うことになる。この結果、絶対評価では評価ランクが4だったのに、昇降給決定時段階の相対評価は3、というようなことが起き、社員にとってわかりにくい。このように、号俸テーブル方式にも一長一短がある。

なお、給与処理の実務面については、「号俸金額」と「評価ランクに応じた増減号俸数ルール」を給与計算システムに組み込んでおけば、個々人の評価ランクの入力により昇降給金額が自動計算処理されるので効率的な処理が可能となる。

⑧　号俸テーブル方式の場合の随時改定

号俸テーブル方式の場合、異動により職務変更に対応する号俸変更のルール（たとえば、「社員○人規模・資産○億円規模の支店から○人規模・○億円規模の支店に異動した際には1ノッチ昇給する等」）、あるいは昇級、降級それぞれの場合にどの号俸に移行するかのルールを決め、機械的に昇降給させる方法が可能である。

降級となり、ルールどおりに運用すると基本給が10％超下がるような場合、当面は調整手当を支給して引下げ幅を10％以下に抑え、本来の号俸金額まで段階的に下げていくといった激変緩和措置をとることが望ましい。

以上説明した職務給の2類型（範囲給方式・号俸テーブル方式）の特徴をまとめると図表3−53のとおりとなる。

職務価値との連動性を高め、下方硬直性を回避する制度への変更例

適材適所とエンゲージメント向上を目指し、職務価値に応じたより適正な処遇を提供するため、従来の基本給を、「役割」に応じて設定する「新・基本給」[15]と、職位（ポジション）の職務価値に応じた「職位手当」[16]の2つに分割した例を紹介したい。給与と職務価値の連動性を高め、職務価値が小さい

---

15 「新・基本給」は、職務等級ごとに設定する範囲給において、個々人の「役割」に応じて決定（＝範囲給方式の「役割給」（143頁参照））。

16 「職位手当」は、各職務等級に複数の職位手当を設定（同じ職務等級において、たとえば、職位手当Ⅰ〜Ⅲの3つのランクの手当金額を設定）し、ポジションに応じていずれか1つのランクを適用する（図表3−55）。

図表 3 −53　範囲給方式と号俸テーブル方式の特徴

	範囲給方式	号俸テーブル方式
基本給設定の形式	等級ごとのレンジ設定	等級ごとの賃金表（号俸）設定
個々の社員の基本給金額	社員によって、基本給金額は千差万別となりうる	個別の基本給は、賃金表上に記載された金額となり、それ以外のバリエーションはなし
基本給水準のベンチマーク	個別職務のマーケット水準（マーケットサーベイを活用）	競合他社数社の同等の等級の給与水準を情報交換し、比較する程度
昇降給金額の決定方法（ただし、評価結果等による同じ職務等級内の場合）	評価結果とペネトレーションからなる昇降給ガイドラインにより、上位者の裁量で決定	評価ランクに応じた号俸アップ／ダウンのルールに基づく機械的な決定（評価ランクは上位者による決定）
昇給に伴い増加する人件費のコントロール方法	部門単位等に賦与される昇給ファンド（予算）による制約	評価ランクの強制分布（相対評価）による制約
昇給決定作業実務	基本的にはエクセル等による個別作業	システムによる自動計算処理が可能

ポジションに異動するときを含め、ポジションの変更に応じて職位手当を機械的に入れ替え、「基本給の下方硬直性」を回避することも目的としている。

制度変更前後の給与・賞与の構成は、図表 3 −54のとおりである。

図表 3-54　職位手当導入前後のイメージ

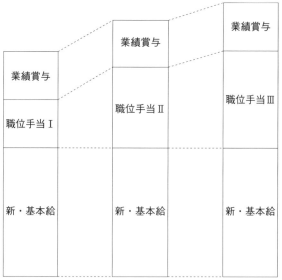

図表 3-55　職位手当導入後の給与構成（イメージ）

注： 1　職位手当の複数のランク区分は、マーサー社のIPEシステム（142頁参照）によ
る職務調査を実施し、ポジションごとの職務価値の大小に応じて設定。
2　職務価値の異なるポジションに異動するつど、職位手当を入れ替え。
3　新・基本給については、評価とペネトレーションによる定時改定、および随時改
定を実施（153〜159頁参照）。

⑵ 賞　与

　賞与については、企業によっては、夏・冬の年2回、たとえば基本給の2カ月分の「固定賞与」を支給するという例もあり、これは給与の後払い的性格のものである。これに対し、会社業績や個々人の業績貢献に応じて支給される性格のものを「業績賞与」または「変動賞与」と呼ぶ。

業績賞与（変動賞与）の決定方法

　社員個々人の賞与金額は、まず①会社全体の賞与ファンドを決め、これを②各組織単位（部門）別に配分し、これをさらに③個人に配分する、という段階を経て決定する（図表3－56）。

① 全社賞与ファンド（賞与プール）の決定

　全社ファンドの決定については、「年間の会社業績結果に基づき、財務損益・資本政策の観点からどの程度支払うことが可能か」という財務面からの検討・判断が基本になるが、月次あるいは四半期ごとの賞与引当金額の計算、あるいは、年度末に原案を策定する際の賞与ファンド計算方法としては、「ペイアウト率（ペイアウトカーブ）モデル」や、「会社業績指標」がある（ただし、期中の賞与引当については、前年実績に基づく引当を行っている例も多い）。

　「ペイアウト率」基準は、「賞与は利益配分」であるという基本的なスタン

図表3－56　業績賞与のファンド配分

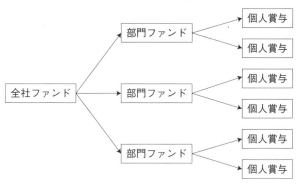

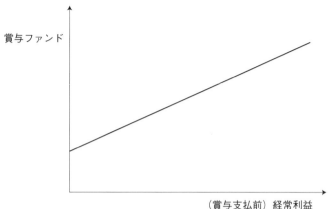

図表 3 −57　ペイアウトカーブのイメージ

賞与ファンド

（賞与支払前）経常利益

スのもと、たとえば「（賞与支払前）経常利益×10％＋α」等、利益金額の一定割合を全社賞与ファンドとする考え方である。ペイアウト率を一定にすれば、当然のことながら、図表 3 −57に示すように利益に対しリニアに賞与ファンド額が増えていくことになるが、この傾きをどう設定するのか、あるいは、たとえば、利益ゼロまたは赤字のときの最低支給額（グラフのy切片）をどう設定するか、利益が一定以上増えた場合に賞与ファンド額の傾きを上げるのか下げるのか、あるいは上限を定めるのか、といった点について、政策的な判断が必要である。

　このペイアウト率基準のモデルは、期中の引当計算の段階だけでなく、最終的な賞与ファンド決定時にも用いられるが、最終段階では、ペイアウト率だけでなく、トップライン（売上高、総収入、業務粗利益）あるいは経常利益等の予算達成率や対前年増加率の状況を勘案したり、賞与支給の所要金額をボトムアップで積み上げ、ペイアウト率から決まる金額と比較してすり合わせをしたりする等、合理的な水準への着地に向けて各種の調整を行う。

　これに対し、「会社業績指標」は、会社戦略上重視する複数のKPIと、それぞれの達成度に基づくスコアリングの枠組みを設定し、これにより賞与ファンドを決める方法である。

　イメージは図表 3 −58のとおりであり、全社レベルの目標管理制度といっ

図表 3 −58　会社業績指標

KPI	ウェイト				
収益予算達成率	20				
経費予算達成率	10	予算達成率によるスコアリングテーブル			
○○商品売上予算達成率	15	達成率　100〜103％のとき10点			
△△商品売上予算達成率	15	110〜120％のとき15点等			
××商品予算達成率	10				
……					
……					
……					
合計	100				

てよい。

　このような設定のもと、スコアが100点のときの賞与ファンドをたとえば100億円と決めておき、年度末のスコア110点になった場合、実際の賞与ファンドを110億円にする、というのが基本的な考え方である。

　社員に対し、会社として重視するKPI＝「目標の連鎖」の起点（カスケードダウンされて社員個々人の目標が設定されるおおもとの目標。117頁参照）を期初に明示し、かつ、その結果が賞与に直接反映される、という点で、非常にシンプルでわかりやすいモデルということができる。

　ただし、とりわけ業績の振幅が大きい業種の会社がこのモデルをそのまま使うと、想定を超えるスコアになり財務的なコントロールがむずかしくなる可能性もあるので留意が必要である。このモデルは、比較的安定成長している業種・会社向けといってよい。

② 部門ファンドの決定

　部門単位の賞与ファンドの決定についても、全社ファンドで説明したのと同様、i）ペイアウト率を基準とするモデル、あるいはii）部門単位の業績指標を設定するモデルがある。

　ただし、i）のペイアウト率基準のモデルを部門ごとに設定する場合、部門

によって収益性の違いがあるので、それに応じて異なるペイアウト率を設定する必要がある。

　また、ii)の部門業績指標の場合も、それぞれの部門の経営戦略に応じて異なるKPIを設定するとか、各KPIのウェイトを変える等して、それぞれの部門のビジネス戦略・ビジネス特性に応じた指標を設定する必要がある。

　全社ペイアウト率または会社業績指標により算出された全社ファンドと、各部門のペイアウトまたは指標により算出された部門ファンドの合算額は、通常、自然体では一致しないので、各部門ファンドの合算額を全社ファンドの範囲内に収める調整が必要になる。

　また、全社ファンドのときと同様、部門単位での所要賞与支給額をボトムアップで積み上げ、モデルによる計算額と比較調整して着地を探る必要もある（図表３−59、60）。

　なお、上記ii)の部門業績指標の派生形として、定量目標と定性目標の両面から「部門業績評価」を行い、各部門の相対評価を行う（評価結果に応じて、Ａ、Ｂ、Ｃ、Ｄといった評価ランクをつける）方法がある。定性目標として、「『顧客本位の業務運営』定着の取組み」「リスク管理・コンプライアンスの取組み」「働き方改革への取組み」等を設定し、これらの目標に対する成果も相応に盛り込むことで、経営者による裁量余地を大きくできる。

　セールス部門等のプロフィットセンターだけでなく、企画・財務・事務・システム等のコントロール部門（コストセンター）についても、ペイアウト率のモデル、あるいは部門業績指標を設定することは可能である。この場合、収益・利益に関する定量的なKPIは全社ベースの指標を用いることになるが、コストについては部門単位でとらえ、コスト予算達成率、コスト削減率といった指標を用いることで、賞与ファンド配分に部門ごとの格差をつけることも可能である。なお、コントロール部門のペイアウト率や業績指標のスコアの振幅については、全社業績のモデルに比べれば必然的に小さくなる（全社業績＝セールス部門等の業績＋コントロール部門の業績という関係にあるため）。

③　個人別賞与配分

図表３－59　部門ファンド決定方法（ペイアウトカーブによる場合）

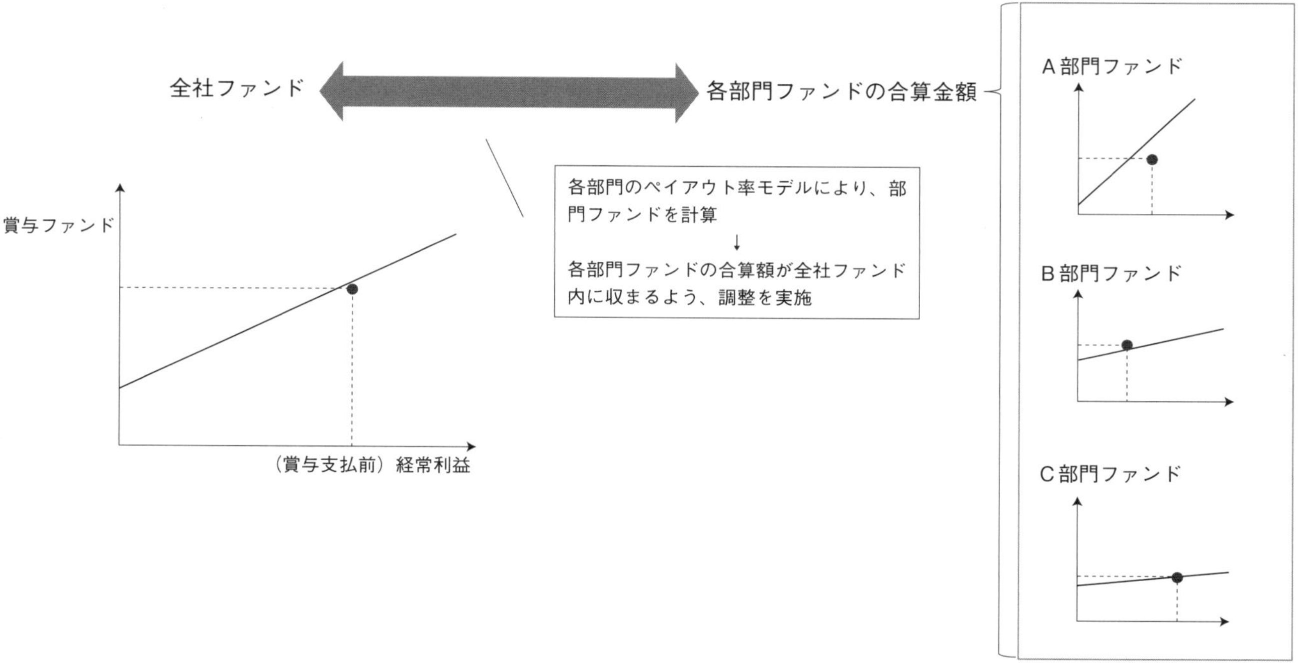
全社ファンド
各部門ファンドの合算金額
賞与ファンド
（賞与支払前）経常利益
各部門のペイアウト率モデルにより、部門ファンドを計算
↓
各部門ファンドの合算額が全社ファンド内に収まるよう、調整を実施
A部門ファンド
B部門ファンド
C部門ファンド

図表3-60 部門ファンド決定方法（業績指標による場合）

A部門ファンド

KPI	ウェイト	
収益予算達成率	20	
経費予算達成率	10	予算達成率によるスコアリングテーブル
○○商品売上予算達成率	15	達成率 100～103%のとき10点
△△商品売上予算達成率	15	110～120%のとき15点等
××商品予算達成率	10	
……		
合計	100	

B部門ファンド

KPI	ウェイト	
収益予算達成率	20	
経費予算達成率	10	予算達成率によるスコアリングテーブル
○○商品売上予算達成率	15	達成率 100～103%のとき10点
△△商品売上予算達成率	15	110～120%のとき15点等
××商品予算達成率	10	
……		
合計	100	

C部門ファンド

KPI	ウェイト	
収益予算達成率	20	
経費予算達成率	10	予算達成率によるスコアリングテーブル
○○商品売上予算達成率	15	達成率 100～103%のとき10点
△△商品売上予算達成率	15	110～120%のとき15点等
××商品予算達成率	10	
……		
合計	100	

各部門ファンドの合算金額

全社ファンド

全社ファンド

KPI	ウェイト	
収益予算達成率	20	
経費予算達成率	10	予算達成率によるスコアリングテーブル
○○商品売上予算達成率	15	達成率 100～103%のとき10点
△△商品売上予算達成率	15	110～120%のとき15点等
××商品予算達成率	10	
……		
合計	100	

各部門のペイアウト率モデルにより、部門ファンドを計算
↓
各部門ファンドの合算額が全社ファンド内に収まるよう、調整を実施

個人別の賞与金額については、個々人の年間の評価結果（評価ランク）により各部門長等が査定し、個々人の賞与金額合計が部門ファンドの範囲内となるよう調整のうえ決定する。

　この、評価ランクに応じた個々人の賞与金額の査定方法については、大きく分けると、「ターゲット賞与方式」と「支給月数決定方式」の2類型がある（なお、このほかにも、経営サイドの裁量で金額を個別に決める方法もある）。

［ターゲット賞与方式］

　会社業績・部門業績・個人業績が標準的な結果だった場合の個人賞与のメド金額として、基本給の一定倍率の金額を「ターゲット賞与金額」と置く。通常、職務等級ごとに同じ倍率、上位等級ほど大きい倍率の金額を設定し、「会社業績・部門業績・個人業績によって、ゼロからターゲット賞与金額の2倍までの間で支給されることがある」といった表現で雇用契約等に明示する。

　この方式は、賞与はあくまで業績に連動する前提ながら、トータル年収のメドを示し、かつ、将来昇級した場合の年収増の可能性を示すことで、採用候補者に対する惹きつけや、社員に対するリテンション効果をねらっている。

　評価ランクに応じて倍率のガイドラインを示し、部門ファンド内で、上司裁量により金額を決定する（図表3−61）。個別の具体的な賞与決定まで上司に権限委譲することで、部下に対するマネジメントを強める効果も期待できる（昇降給に関する154頁参照）。

　ただし、会社業績・部門業績の下振れが大きいとメドの意味がなくなり逆効果になってしまうので、かつ、業績が比較的安定しているか、継続的に成長している会社に適している。

［支給月数決定方式］

　これは、賞与金額を「基本給×月数」で計算することとし、月数を定めたマトリックスを設定し、個々人の評価結果に応じて賞与金額を機械的に決めていく方法である（図表3−62）。評価ランクは上司裁量で決めるが、いったん評価ランクが決まれば、それに応じた賞与金額のバラツキは起きない。

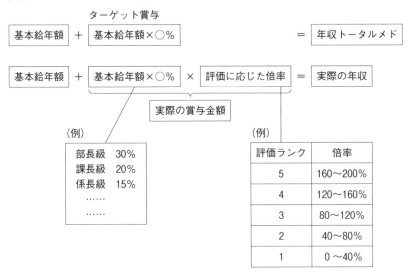

図表 3 −61　ターゲット賞与方式による個人賞与決定

ターゲット賞与

| 基本給年額 | + | 基本給年額×○% | | | = | 年収トータルメド |

| 基本給年額 | + | 基本給年額×○% | × | 評価に応じた倍率 | = | 実際の年収 |

実際の賞与金額

(例)

部長級	30%
課長級	20%
係長級	15%
……	
……	

(例)

評価ランク	倍率
5	160～200%
4	120～160%
3	80～120%
2	40～80%
1	0～40%

図表 3 −62　支給月数マトリックス例

等級　　評価ランク	5	4	3	2	1
D等級	7.2	5.4	3.6	1.8	0
C等級	6.4	4.8	3.2	1.6	0
B等級	5.6	4.2	2.8	1.4	0
A等級	4.9	3.7	2.5	1.2	0

　評価ランクの分布が大きく上振れすると総ファンドが不足してしまうので、評価ランクの分布をシミュレーションし、月数を設定するか、これを上振れリスクを避けるため、たとえば、評価ランク 5 は10%、 4 は20%、 3 は50%、 2 と 1 で20%といったかたちで強制分布させる（昇降給に関する163頁参照）。このマトリックスは、毎年、会社業績の変動に応じて見直す。

　なお、この月数方式には、基本給のベース・アップがある状況においては、前年と同じ月数でも自動的に賞与金額が増えてしまうという内在的な問

図表 3 −63　ターゲット賞与方式と支給月数決定方式の特徴

	ターゲット賞与方式	支給月数決定方式
個人の賞与メド金額に関する事前提示	職務等級ごとの「ターゲット賞与金額」 ・会社業績・個人業績とも標準的な場合の賞与水準を等級別に設定	個別の想定金額は提示されないが、社員全体あるいは組合員全体の支給月数のメドが提示される（「基本給の○カ月分程度」等）
個人賞与金額の決定方法	「ターゲット賞与金額」に対する倍率方式 ・評価結果に応じた倍率ガイドラインにより上司裁量で決定	基本給に対する倍率方式 ・評価結果に応じた倍率ルールを当てはめて決定

題（ベア跳ね）がある。ただし、ベース・アップがあった1990年代前半まではその問題を抱えていたが、近年その心配はほとんど無用となっている。

その他の変動報酬

　上述の賞与のほか、業績（および株価）に連動する報酬として、譲渡制限付株式やパフォーマンス・シェア・ユニット、あるいはストックオプション等がある。

　譲渡制限付株式は、譲渡制限を付した株式を交付し、一定の勤務期間後にその制限を解除するもので、受給者に株価を高めようとするインセンティブと、制限期間中のリテンション効果を期待するものである。日本では平成28年以降税制改正や経済産業省の手引公表等を受けて広まりつつある[17]。

　パフォーマンス・シェア・ユニットは、中長期的な会社の業績目標の達成度合いに応じて株式を事後的に交付するもので、業績目標達成に向けたインセンティブづけをねらいとする。

　これらの変動報酬については、日本では、いまのところ、取締役を対象と

17　「『攻めの経営』を促す役員報酬～企業の持続的成長のためのインセンティブプラン導入の手引～」経済産業省（平成31年３月）参照。損金算入できるのは、市場価格のある株式に限るとされている。なお、外資系企業では、従来から、日本の子会社で勤務する社員を対象として、親会社がRSU（Restricted Share Unit）等の名称で譲渡制限付株式を付与することが行われている。

する会社が大宗であるが、一定の役職以上の社員を対象とする企業もある。導入にあたっては、法務・税務・会計上の手続に留意した検討が必要である。

変動報酬の繰延べ（Deferred Bonus）

賞与や株式報酬については、繰延べ制度の導入も選択肢となる。これは、一定以上の高額支給の場合、そのうちの一部の支払を将来数年間にわたり繰延べを行い、繰延べ期間中に退職する場合には受給権を喪失させる仕組みである。

業績貢献の高い社員の退職抑制（リテンション）を図る目的で導入されることの多い制度であるが、対象金額の設定に留意が必要である。繰延べ金額が大きすぎると、当面のインセンティブが低くなってむしろ逆効果、ということになりかねない。

導入する場合には、受給権の喪失条件等細部の条件設定のほか、繰延べ払いの実務や財務会計上の処理を行うためのデータ管理が必要となる。

賞与の減額・クローバック

戒告等の懲戒処分に伴い、賞与を減額する例があるが、労働基準法の「減給の制裁」[18]との関係で、人事評価による賞与金額査定として設計する必要があるので留意が必要である。

クローバックは、退職後に不正が発覚した場合等において、過去に支給した賞与の返還を求める仕組みである。経営陣の無分別な行為に対して、金銭的な責任を負わせることで歯止めをかけるねらいがあり、特にリーマンショック以降、欧米で導入が進んだ経緯がある。日本では、上記の労働基準法「減給の制裁」規定の対象である労働者（一般の社員）をクローバックの対象にすることはできず、もし、導入するとすれば、役員を対象にした検討ということになる。

18　労働基準法91条「労働者に対して減給の制裁を定める場合においては、その減給は、一回の額が平均賃金の一日分の半額を超え、総額が一賃金支払期における賃金の総額の十分の一を超えてはならない。」減給の懲戒処分を適用する場合においても（もし1回の懲戒事由であれば）平均賃金の1日分の半額までであり、たとえば、「戒告処分だから賞与5％削減」という仕組みは不適切である。

◆ 参 考 ◆

欧米の報酬規制

　アメリカでは、2001年、2002年のエンロン事件、ワールドコム事件等の企業不祥事を受け、サーベンス＝オクスリー（SOX）法やドッド＝フランク法が制定され、役員報酬に対する規制が強化されている。ドッド＝フランク法は、過剰な報酬を禁止し、重大な財務報告違反があり会社が財務情報を修正する場合、誤った情報により支給された過去3年間の役員報酬のクローバックを求めている。

　EUでは、金融危機後、金融機関による過剰なリスクテイクを抑止するため、資本要求指令IV（Capital Requirements Directives：CRDIV）により、変動報酬について、固定報酬に対する比率を原則1倍以下に抑える上限規制や、少なくとも40％の繰延べ、クローバック等の規制が導入されている。

　イギリスでも、健全性規制機構（Prudential Regulation Authority：PRA）および金融行為規制機構（Financial Conduct Authority：FCA）により、一定以上の管理職や、金融機関に重大なリスクを与えうる立場の社員を対象にした変動報酬の繰延べ制度が導入されている。また、不正や、金融機関に損害を与えるリスク管理上の問題があった場合、未払い変動報酬の減額をするマルス（malus）という制度や、最低7年間のクローバックが導入されている。

(3)　ダイバーシティ経営と「同一労働同一賃金」

　第1章で「ダイバーシティ経営」を企業価値を高めるための取組課題の一つと位置づけたとおり、あるべき「戦略的人材ポートフォリオの実現」のためにも、多様な人材の活用が課題になる。多様な人材活用のあり方として、契約社員や定年後再雇用社員の活用を考える場合、「同一労働同一賃金」の問題があり、また、女性の活躍推進に関連してコース別人事制度の問題があるので、以下、順にみていくこととしたい。また、女性の活躍推進策についてこの項で補足するほか、地方の人材活用（処遇の地域格差設定）についても触れる。

契約社員の活用

　日本では、ダイバーシティというと女性活躍推進が中心的テーマになってきた感もあるが、AI・デジタル人材等特定分野の専門家や外国人等、多様な人材を雇用することも重要な選択肢となる。これらの人材を契約社員として雇用する場合には、令和2年4月に施行された「パートタイム・有期雇用労働法」[19]により、いわゆる正規雇用労働者（無期雇用フルタイム労働者）と非正規雇用労働者（有期雇用労働者、パートタイム労働者、派遣労働者）の間の不合理な待遇差が許されないことに注意が必要である。もっとも、専門人材を契約社員形態で雇用する場合、①職務の内容（業務内容・責任の程度）、あるいは②職務の内容および配置の変更の範囲（人材活用の仕組みや運用）が通常の社員と同じでないことが多いと思われ、もしそうであれば、通常の労働者と同じ方法で待遇を決定する「均等待遇」である必要はない（パートタイム・有期雇用労働法9条）。また、そもそも、専門家人材であれば、基本給や賞与は通常の社員より高い設定のことが多いかもしれない。

　ただし、正社員と契約社員の待遇格差については、数多くの裁判例があるとおり合理性判断に微妙なところがあり[20]、また、今般施行された上記法律により、基本給や賞与だけでなく、その他の手当等、個別の待遇ごとにその待遇の性質・目的に照らして不合理な待遇差がないかどうか判断されること

19　中小企業については令和3年4月1日施行。
20　貨物運送会社の有期契約社員ドライバーが正社員との待遇格差を争ったハマキョウレックス事件（最高裁第二小法廷平成30年6月1日判決）。この判例は、職務内容には大きな違いがなく、人材活用の仕組みに相違がある場合において、個々の待遇ごとに格差が不合理となるかを判断している。このほか、無期契約社員と有期契約社員の「職務の内容」に一定の差がある場合の待遇の相違について、駅構内の売店従事者に対する住宅手当・賞与・退職金等の相違に関するメトロコマース事件（最近の最高裁第三小法廷令和2年10月13日判決は、退職金の契約社員に対する不支給につき、旧労働契約法20条の「不合理」には当たらないと判断）、アルバイト職員の賞与・私傷病欠勤の相違に関する大阪医科薬科大学事件（メトロコマース事件と同日の最高裁第三小法廷令和2年10月13日判決は、旧労働契約法20条の「不合理」に当たらないと判断）、日本郵便（時給制契約社員ら）事件（上記2判決の2日後に出された3つの最高裁第一小法廷令和2年10月15日判決は、夏期冬期休暇・年末年始勤務手当・病気休暇・扶養手当等につき、期間雇用社員を対象としないことは、旧労働契約法20条の「不合理」に当たると判断）、宅配業務に従事する有期契約社員の賞与支給格差に関するヤマト運輸（賞与）事件（仙台地裁平成29年3月30日判決）等。

が法律上明確化されたので、慎重な検討が必要となる。

　なお、労働者派遣業者からの派遣社員を活用する場合もあろうが、現在の労働者派遣法上、個人単位の期間制限は3年、派遣先事業所での受入期間も原則として3年となっている。ただし、後者については、過半数労働組合等からの意見聴取手続により延長が可能であるため、派遣社員が代われば、同一の業務について派遣社員の受け入れを継続できることになっている。労働者派遣法は改正が多く、以前の知識のままだと間違った対応になるので注意が必要である。

　また、業務委託により、専門家・専門業者等を活用する場合もあると思われる。この場合、企業は直接指揮命令できないが、とりわけ同じオフィスにその企業の社員と業務受託者が混在する場合等、指揮命令関係をめぐり、偽装請負（労働者派遣法・職業安定法違反）となるリスクがある。このリスクについて、人事部門の多くのスタッフは理解していると思われるが、1線の部署が十分理解していないケースや、「わかってはいたが、やってしまった」というケースも意外にあるので留意が必要である。

シニア活用

　多様な人材の活用の一環として、定年後の社員の活用と処遇も検討課題となる。

　定年制については、以前は55歳定年が主流だったが、昭和61年の法改正により60歳定年が努力義務となり、平成6年改正（平成10年施行）で60歳未満の定年制が禁止された。その後、平均寿命の延びと厚生年金受給年齢引上げを受け、現在は、希望する社員全員を65歳まで継続雇用することが義務化されている。

　令和2年現在、高年齢者雇用安定法上、65歳までの雇用機会を確保するため、高年齢者雇用確保措置（①65歳まで定年引上げ、②65歳までの継続雇用制度の導入、③定年廃止）のいずれかを講ずることが義務づけられている。なお、厚生労働省の令和2年「高年齢者の雇用状況」によると、令和2年6月現在、定年引上げを実施した企業20.9％、定年を廃止した企業2.7％に対し、継続雇用制度導入企業が76.4％となっている（図表3−64）。

図表3－64　60歳以降の雇用確保措置実施状況

〈雇用確保措置の内訳〉

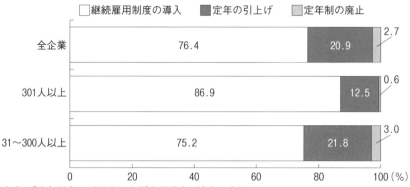

出典：「高年齢者の雇用状況」厚生労働省（令和2年）

　さらに、令和3年4月以降、これらの措置につき70歳まで引き上げるか、社員が希望するときは、70歳まで継続的に業務委託契約を締結する制度、または事業主が自ら実施する社会貢献事業、事業主が委託、出資（資金提供）等する団体が行う社会貢献事業に従事できる制度の導入のいずれかを実施することが努力義務となる。

　従来の一般的な継続雇用の実態をみると、詳細後述のとおり約8割の企業は「定年前後で仕事内容は変わらない」が、61歳時点の賃金水準は、平均すると60歳直前の水準の78.7％となっている。実際、60歳以降は「嘱託」として、基本給のみで賞与はなし、あるいはその基本給も一律で5年間固定、という例も多い。「従来の年功的色彩の強い処遇体系のもとで中高年期には生産性を上回る報酬を支払っているので定年時にリセットする」という考え方をとる企業が多く、また、「国から要請される定年延長・継続雇用に対応する以上、その延長部分の人件費を抑えるのは当然」という考え方もある。「マイスター」のような称号を与えて処遇の上乗せをするケースもあるが、どちらかといえばこのようなケースは限定的であろう。

　「高年齢者の雇用に関する調査」（独立行政法人労働政策研究・研修機構、令和2年3月）によると、60代前半の継続雇用者の仕事内容については、「定

年前とまったく同じ仕事」（44.2%）、「定年前と同じ仕事であるが、責任の重さが軽くなる」（38.4%）（図表3−65）となっている（なお、定年前後の仕事の変化に関する判例として、前述（144頁）の九州惣菜事件も参照）。また、61歳時点の賃金水準は、「平均的な水準の人」で60歳以前の78.7%であり、60歳を境に4分の3程度に減少している。継続雇用義務年齢が上がっていくなか人件費コストを抑制するためには、今後もこのような処遇形態が継続していくのはやむをえない面があると思われる。

　しかしながら、定年到達時に契約社員形態で社員を再雇用する場合、上述の「同一労働同一賃金」が問題となるので、紛争リスクを下げるためには、定年前後の①職務の内容、②職務の内容および配置の変更の2点につき差異をつくり、個別の待遇項目ごとにみて不合理な格差が生じないよう留意が必要である。

　令和2年4月施行のパートタイム・有期雇用労働法9条は、正社員と有期契約社員の職務内容・人材活用の仕組みが同一であれば均等待遇を要求する規定であるので、今後、定年前後の職務等がまったく同一のケースが問題になれば、長澤運輸事件の一審がその前提で判断したのと同様、格差は「不合理」ということになると考えられる[21]。

　この点、パートタイム・有期雇用労働法の施行にあわせて発出された厚生労働省のいわゆる「同一労働同一賃金ガイドライン」（平成30年12月28日）も、「有期雇用労働者が定年に達したのちに継続雇用された者であることのみをもって、直ちに通常の労働者と当該有期雇用労働者との間の待遇の相違が不合理でないと認められるものではない」としているので、留意が必要である。

　また、一般的には上述の状況にあるが、今後、企業価値と社員エンゲージメントを高める人材活用を目指すにあたっては、60歳以降の社員について、

21　長澤運輸事件は、パートタイム・有期雇用労働法施行に伴い廃止された労働契約法20条違反が問題になったケースである。定年前の正社員と同じ職務ながら、定年後の有期嘱託社員の年収が2割前後低い賃金設定につき、東京地裁は不合理としたのに対し、東京高裁は不合理ではないと判断。最高裁第二小法廷平成30年6月1日判決（上記ハマキョウレックス事件と同日の判決）は、個別の待遇ごとに合理性を判断した。

図表 3 −65 定年前後の仕事の変化

(単位：%)

	n	定年前とまったく同じ仕事	定年前と同じ仕事であるが、責任の重さが軽くなる	定年前と同じ仕事であるが、責任の重さが重くなる	定年前と一部異なる仕事	定年前とまったく異なる仕事	その他	無回答
合計	5,891	44.2	38.4	0.4	5.6	0.5	0.7	10.1
【業種】								
建設業	382	51.0	38.5	0.5	2.9	0.3	1.0	5.8
一般機械器具製造業	188	34.6	53.7	0.0	5.9	0.0	1.6	4.3
輸送用機械器具製造業	151	38.4	47.0	1.3	6.0	0.0	0.7	6.6
精密機械器具製造業	117	38.5	48.7	0.0	4.3	0.9	0.0	7.7
電気機械器具製造業	152	36.2	49.3	0.0	7.2	0.7	0.0	6.6
その他の製造業	739	33.7	52.0	0.4	7.6	0.8	0.3	5.3
電気・ガス・熱供給・水道業	24	25.0	58.3	0.0	4.2	4.2	0.0	8.3
情報通信業	170	30.0	24.1	0.6	3.5	1.8	0.6	39.4
運輸業	468	61.3	25.0	0.0	4.9	0.4	1.3	7.1
卸売・小売業	843	36.2	45.8	0.8	6.2	0.8	0.6	9.6
金融・保険業	56	23.2	46.4	0.0	10.7	0.0	1.8	17.9
不動産業	60	41.7	31.7	0.0	5.0	1.7	1.7	18.3
飲食業・宿泊業	235	41.3	35.7	0.0	3.4	1.7	1.3	16.6
医療・福祉	1,140	55.2	31.2	0.3	4.4	0.0	0.4	8.6
教育・学習支援業	241	45.6	34.4	0.0	10.4	0.8	0.8	7.9
サービス業	706	44.2	32.9	0.3	5.2	0.4	1.3	15.7
その他	30	43.3	30.0	0.0	16.7	0.0	3.3	6.7
【従業員数】								
100人未満	2,771	47.0	34.0	0.4	5.0	0.5	0.9	12.2
100人～299人	2,131	43.8	41.3	0.3	5.8	0.5	0.6	7.7
300人～999人	694	35.9	48.1	0.4	6.9	0.6	0.6	7.5
1,000人以上	167	34.1	44.3	0.0	8.4	1.8	1.8	9.6

出典：「高年齢者の雇用に関する調査」独立行政法人労働政策研究・研修機構（令和2年3月）

本人の健康や生活設計等に配慮しつつ、一人ひとりの能力・スキルをふまえて最適な職務とそれに応じた処遇を提供することが望ましい。一方で、若年層の活躍機会を奪わないようにする必要もあるが、定年後の社員に提供できる仕事の職務価値と役割によっては、定年前と同等の処遇を維持する、あるいは業績によっては処遇をアップするというケースがもっとあってもよいのではないか。たとえば、引き続き高い専門性を発揮しうる人材や、長年培ったノウハウを次世代に残す力がある人材に対しては、積極的に活躍の機会を提供し、成果に応じたメリハリある処遇で報いることも積極的に検討すべきであろう。社員にあまねく自分自身のマーケット価値の向上を目指した努力を求めるのであれば、少なくとも相応のマーケット価値を身につけ余人をもってかえがたいような域に達した社員に対しては、60歳以降もそれにふさわしい処遇を提供して然るべきと考えられる[22]。

最近の裁判例に基づく人的リスク管理上の留意点(8)

定年再雇用時職務変更に関する事前説明の必要性と職務変更の合理性

§アルパイン事件（東京地裁令和元年 5 月21日判決）

　社員が定年後も以前の音響機器設計開発業務の継続を希望し、会社から定年の 2 カ月前に具体的に提示された業務（人事総務部勤務）での再雇用契約を拒否し、定年前の職務による雇用関係の継続を主張した事例。裁判所は「高年齢者雇用継続法は、継続雇用を希望する労働者を定年後も引き続き雇用する旨求めるにとどまり、同法中に、労働者が希望する労働条件での継続雇用をも使用者に義務づける定めはない。すなわち、継続雇用後の労働条件は、あくまで、労使間の合意により定まるべきものであって、労働者が使用者に対して希望すれば直ちにその希望するがままに勤務部署や職務内容が定年前と同じ雇用契約が定年後も継続するかのような主張には、法律上の根拠がない」と判示している。

22　なお、「高年齢者雇用確保措置の実施及び運用に関する指針」（厚生労働省）は、「職業能力を評価する仕組みの整備とその有効な活用を通じ、高年齢者の意欲及び能力に応じた適正な配置及び処遇の実現に努めること」としている。

再雇用後の労働条件については、企業が、その合理的な裁量により設定することが可能である。したがって、企業が合理的な裁量の範囲内の労働条件（注）を社員に提示し、それを社員が拒否したのであれば、再雇用契約は成立しないこととなる。ただし、この裁判例をふまえれば、定年後も定年前の職務継続を要求できると社員が誤信したり、職務内容の変更により紛争になったりすることのないよう、定年到達までまだできるだけ期間がある段階で、定年後の具体的な職務内容を社員に丁寧に説明し、理解を得ておくことが望ましい。

（注）「合理的な裁量の範囲内の労働条件」の具体的な内容については、事務職だった社員に対し、定年再雇用にあたりシュレッダー機ごみ袋交換および清掃等のパートタイム業務を提示した事例ではあるが、「全く別個の職種に属するなど性質の異なったものである場合には、……従前の職種全般について適格性を欠くなど通常解雇を相当とする事情がない限り、そのような業務内容を提示することは許されない」（トヨタ自動車事件、名古屋高裁平成28年9月28日判決）という判断が示されているのが参考になる。

女性の活躍推進

　女性活躍推進について従来の一般動向をみると、男女雇用機会均等法、女性活躍推進法等の政策的な動き、労働力確保のため女性の採用・登用を進める必要がある企業側のニーズ、および女性自身の価値観・キャリア志向の変化等の複合要因により進捗してきた経緯がある。

　いわゆる総合職／一般職のコース別人事制度は、昭和61年に制定された男女雇用機会均等法による男女の待遇差別禁止に対応し、「定型的・補助的」業務を担う社員を「一般職」として、差別問題を回避する動機で始まったものである。総合職／一般職の給与格差については、隔地転勤の可能性（転勤プレミアム）を理由として説明してきたが、専門性の高まりや、共働き、育児・介護との両立のため事実上転勤しない総合職が増え、この説明の妥当性は揺らいできている[23]。また、一般職の勤続年数が長期化するにつれ「定型的・補助的」な職務にとどめることができなくなり、「定型的・補助的業務」は人材派遣会社からの派遣社員にシフトする、という動きもあった。

　近年では、業務のRPA化（Robotic Process Automation：ロボティック・プ

ロセス・オートメーション）やOCR化（Optical Character Recognition/Reader：光学文字認識）が進んだこともあり、「定型的・補助的業務」自体が少なくなってきており、「一般職」の存在意義が小さくなっている。また、社員の量的拡大に限界があるなか、より積極的な人材活用の観点から、「一般職」の社員に対しても、「一般職」の枠にとどまらない能力発揮や生産性向上を期待したい、という事情もある。このような背景から、2000年代後半以降、三井住友、みずほといったメガバンクや、野村證券、東京海上、損保ジャパン、三菱商事等、一般職を廃止する会社も増えている。以上述べたような状況をふまえ、今後、性別に関係ない人材活用を推し進める観点からは、総合職／一般職の区分は見直しが必要であろう。

　ただし、従来一般職だった社員のなかには、総合職化に対し、能動的・積極的にキャリア形成のチャンスとしてとらえる社員もいれば、「従来以上に負荷をかけられるのではないか」という懸念や不安をもつ向きもあろう。総合職化後においてどのような役割・責任を期待しているのか、どういう評価・処遇となるのか、丁寧な説明が必要である。

　女性の活躍推進について、「出産・育児」が理由となってなかなか思うように進まない[24]、という状況もあるが、仕事と育児の両立、ワークライフ・バランスへの配慮を含め、性別にかかわらずそれぞれの人材が最大限その能力・スキルを発揮しうる環境整備を考えるべきである。具体的には、育児休業・短時間勤務・フレックスタイム等の休暇・労働時間に関する支援のほか、円滑な復職を支援するため、業務関係の情報や任意制スキルトレーニングプログラムをオンラインで提供するといった方策がありうる。また、社員個々人にとって、出産・育児等のライフイベントをふまえたキャリア展望を描きにくく、また、先例として参考になるロールモデルを個人的に見つける

23　「基幹人材も転勤なしに　AIG、希望の勤務地選択」日本経済新聞、令和2年6月9日参照。AIG損害保険は、平成31年4月、管理職を含む基幹社員に対して会社都合による転勤を原則廃止。キリンビールは、平成25年、社員の申出があれば転勤を5年間猶予する制度を導入。

24　女性の就業希望者（231万人）のうち、非休職の理由で最も多いのは「出産・育児のため」（31.1％）である（総務省「労働力調査」令和元年）。

のもむずかしいので、キャリアコンサルティングの機会を提供したり、社内外のロールモデルを紹介したりするといった取組みが有効である[25]。このほか、本章（101頁）で説明した以下のような制度を導入することも選択肢となるであろう。

① 配偶者の転居異動に伴う異動

たとえば全国各地に支店等がある企業において、社員の配偶者が自社または他社において別の拠点に転居を伴う異動になったとき、社員がその配偶者に随伴して異動することを認める制度

② ライフイベントの状況変化に伴う再雇用

社員本人が出産・育児・介護等のライフイベントにより退職した後、希望がある場合に再雇用を認める制度

以上のとおり、女性活躍推進に関しては、一般職の廃止や、育児・出産等のライフイベントを考慮したキャリア開発支援施策が検討対象となるが、より根本的な課題は、アンコンシャス・バイアス（Unconscious Bias：無意識の思い込み）の解消であろう。たとえば、部下に同じ等級の男女がいるとき、男性には複雑な業務をアサインし、女性には事務仕事的な業務をアサインする、といった傾向が多かれ少なかれあるのではないか。もっと卑近な例でいえば、「お客さまにお茶を出すのは女性の仕事」（最近はお茶を出すことはあまりないかもしれないが）といった、知らず知らずのうちに働く男女間の役割分担意識が最も厄介であり、だからこそ、解決できれば最も効果のある問題だと思われる。「アンコンシャス・バイアス研修」を実施する会社も増えており、そのような研修にも一定の効果はあるかもしれないが、各部門で実際に行われている目標設定（113頁以下参照）の内容を人事部門（ビジネスパートナー等）がサンプリングチェックし、性別による目標レベルの差異解消を図るといった地道な取組みが必要である。

25　ロールモデルの紹介については、社内で仕事と育児の両立をしている社員や将来両立を希望している社員のグループをつくり親睦機会を提供するとか、NPO法人J-Win等のダイバーシティ＆インクルージョン支援団体に加入して、社外の参考情報を提供する等の方法がありうる。

処遇の男女格差問題

　厚生労働省の「賃金構造基本統計調査」（令和元年）によると、日本企業の一般労働者の給与格差は男性100に対して女性が74.3であり、役職の違いによる影響が大きい。また、役職者に占める女性の割合は、係長級18.9％、課長級11.4％、部長級6.9％（内閣府「男女共同参画白書」令和2年）にとどまっている。

　もっとも、処遇の男女格差は日本特有の問題ではなく、イギリスでも問題となっており、一定の規模以上の会社に男女の報酬格差の情報公開を義務づける法律が2015年に成立し、2017年から公表が始まっている。その結果、たとえば、金融保険業では、女性が男性よりも2割程度低い状況にあることが明らかになっている。また、男女の昇進格差も問題となっており、FTSE100の銘柄企業の取締役について女性比率30％を目指す非営利のキャンペーン「30％クラブ」が2010年に始まっている。2016年には、財務省が「金融女性憲章（Women in Finance Charter）を発表し、趣旨に賛同する金融機関が、経営陣の性別の多様性に向けた目標設定等と進捗の公表にコミットしている。

　アメリカでは、シティグループが、株主である投資会社からの要求を受け、性別による報酬格差の状況を2019年1月に開示した。それによると、仕事内容やレベル、地域などの要素の調整前の中央値でみると、世界全拠点の女性の報酬水準は男性よりも29％低いが、これらの要素の調整後でみれば男性の99％水準にある。女性は全社員の半数以上を占めているものの、アシスタントバイスプレジデント（AVP）からマネージングディレクター（MD）までの上級職での割合は37％にとどまっており、2021年までに最低40％まで引き上げるという。

　女性の役職登用、給与格差是正の動きは、今後も強まっていくものと思われ、人材の惹きつけの観点から、この動向もふまえた検討・対応が必要である。

地方の人材活用（給与の地域格差設定）

　労働力確保のため、地方都市の人材活用をねらい、事務センターやコールセンターを地方都市に設置する例がある[26]。あわせて、給与水準の地域格差

に着目して人件費コストの効率化をねらいとする場合もあり、その場合、これら地方都市の事務センター等における給与水準をどう設定するかが問題となる。

　対応策として、従来の範囲給または号俸テーブルを「下に伸ばす」（各等級の下限金額を引き下げて、その下げた部分のレンジを使う）方法もありうるが、従来の職務等級設定との整合性がとれず、運用に齟齬をきたしてしまう。そこで、地方都市の事務センター等を対象とする地域限定・職務限定の社員類型を設け、地方拠点用給与テーブルを用意する方法が考えられる。給与水準の地域格差を設定する際には、厚生労働省「賃金構造基本調査」の都道府県別・規模別・業種別の賃金データ、都道府県別の最低賃金のほか、取引のある派遣会社から地域別の平均派遣時給単価を入手できれば参考になる。また、令和元年以降、毎年、公共職業安定所の管轄地域別の求人平均賃金をもとにした「地域指数」が公表されている[27]ので、都道府県単位よりもう少し細かい単位で地域別の給与格差を設定したい場合には有用である。ただし、社内の地域間格差だけでなく、同業他社との比較感や競争力を考える必要がある場合には、同じ地域に拠点をもつ同業他社数社の給与情報を採用募集媒体から入手したり、直接情報交換したりして、それをもとに地域格差を設定するのが最も説明力のある方法であろう。

3.4.7　健康管理

　第1章で説明したとおり（21頁）、企業価値を高めるための取組課題の一つとして「健康経営」がある。健康経営による社員の健康保持・増進、その他健康管理の取組みは、採用・配置・教育・評価・処遇の「人材マネジメン

26　地方都市展開については、BCP（自然災害時等緊急事態時の事業継続）目的の場合もある。地域活性化のため、進出先自治体からの補助金等優遇措置のメリットがあるケースもある。

27　この「地域指数」は、令和2年4月に施行された働き方改革関連法・改正労働者派遣法により、派遣社員の地域別待遇決定に用いるためのものとして厚生労働省により公表されている。

トサイクル」とは別のものとして位置づけたテーマであるが、人材マネジメントシステムの重要な要素であることに変わりない。健康管理は、まずは社員自身が行うものであるが、企業がこれを支援し、1線の各組織単位のマネジメント、2線の人事部門の支援、産業医等社内の産業保健スタッフ、さらには社外の専門家等からの情報提供やアドバイスも積極的に活用して計画的・継続的に取り組むべきものであり、企業として、このような社内外を含めた推進体制を整備すべきことに特徴がある。

取り組むべき主要な施策としては、健康測定とその結果に基づく運動指導のほか、メンタルヘルスケア、治療と仕事の両立がある。

◆ 参 考 ◆

治療と仕事の両立

疾病を理由として1カ月以上連続して休業している従業員がいる企業の割合はメンタルヘルスが38％、がんが21％、脳血管疾患が12％と、メンタルヘルスが最も多い（平成25年度厚生労働省委託調査）。

また、仕事をもちながら、がんで通院している人は32.5万人（平成22年国民生活基礎調査推計）。一般健康診断において、脳・心臓疾患につながるリスクのある血圧や血中糖質などにおける有所見率は年々増加（平成26年は53％）しており、治療と仕事の両立に関する対応が必要となる場面はさらに増えることが予想される（厚生労働省「事業場における治療と仕事の両立支援のためのガイドライン」参照）。

労働契約法5条は、「使用者は、労働契約に伴い、労働者がその生命、身体等の安全を確保しつつ労働することができるよう、必要な配慮をするものとする」と定めている。また、労働安全衛生関係法令は安全配慮義務の具体的な基準を示すものであるが、法令の規定は最低限遵守すべき内容であり、社員の職種、労務内容、労務提供場所等の具体的な状況に応じて必要な配慮をすることが求められている（平成24年8月10日労働契約法施行通達参照）。

健康経営を目指し、あるいは根づかせるためには、受け身の姿勢で最低限の安全配慮義務を果たせばよい、ということではなく、義務を超えた積極的な姿勢で臨むべきである。それが可能かどうかは、以下の場面にみるとおり、各組織のマネジメントが、一人ひとりの部下の状況を把握・感知できる力があるかどうか次第であり、その意味で、健康経営に関しては、1線のマネジメント教育がカギとなる。

・過重労働問題に関して、企業には社員の労働時間を適切に管理する義務があり、社員が過重労働により心身の健康を損なわないよう注意する義務を負っている。したがって、たとえば、エンゲージメントの高い社員が自主的に長時間残業をした場合であっても、上司等がその長時間残業を容易に知り得たのに対策をとらなかった場合には安全配慮義務違反となる[28]。

・ハラスメントについて、事前防止策を講じることはもちろん、ハラスメントが発生した場合にはその継続を防止するとともに迅速かつ正確に事実関係を調査し、再発防止、被害者に対する配慮等、誠実かつ適正に対処する義務がある。適切な対処をしなかった場合には安全配慮義務違反となる[29]。

・実務で問題になることが多い私傷病休業からの復職可否について、この復職可否の判断自体、産業医等の意見に基づく合理的なものでなくてはなら

28　厚生労働省「労働時間の適正な把握のために使用者が講ずべき措置に関するガイドライン」（平成29年1月20日）参照。判例上も、「使用者は、その雇用する労働者に従事させる業務を定めてこれを管理するに際し、業務の遂行に伴う疲労や心理的負荷等が過度に蓄積して労働者の心身の健康を損なうことがないよう注意する義務を負う」（電通事件、最高裁第二小法廷平成12年3月24日判決）とされている。なお、在宅勤務の場合も適正な労働時間の把握は必要であり、作業環境にも配慮が必要である（厚生労働省「情報通信技術を利用した事業場外勤務の適切な導入及び実施のためのガイドライン」（平成30年2月22日）、「情報機器作業における労働衛生管理のためのガイドライン」（令和元年7月12日）参照）。

29　セクシャルハラスメントに関する厚生労働省「事業主が職場における性的な言動に起因する問題に関して雇用管理上講ずべき措置についての指針」（平成18年10月11日）参照。これに加えて、令和2年6月からは、パワーハラスメントの防止措置も法律上義務化され、セクシャルハラスメントと同様の対処が必要となっている（「事業主が職場における優越的な関係を背景とした言動に起因する問題に関して雇用管理上講ずべき措置等についての指針」（令和2年1月15日）参照）。

ないが、復職後、健康状態の悪化が認識される場合には業務軽減等の適切な措置を講じる必要がある。これを怠り病状が再発・悪化した場合には安全配慮義務違反となる可能性が高い。

とりわけ、ハラスメントは不健康な職場環境の表れそのものであり、また、被害者にとってうつ病発症の引き金になることも多く悪影響が大きいことから、社員に対する継続教育等の防止措置がきわめて重要である。このような取組みを積極的・能動的に行うことによって、有為な人材が、いかんなく能力を発揮しうる環境を整備する必要がある。

最近の裁判例に基づく人的リスク管理上の留意点⑼

果たすべき安全配慮義務の程度と、上司・人事・産業医等連携強化の必要性

§東芝事件（最高裁第二小法廷平成26年3月24日判決）

会社が休職期間満了を理由に社員を解雇したのに対し、「うつ病は会社の安全配慮義務違反等により発症した」として、元社員が解雇無効の主張と慰謝料等の請求をした事例。二審の東京高裁は、「社員が神経科クリニック通院等の情報を上司や産業医に申告しなかったのは、うつ病の発症を回避したり発症後の増悪を防止する措置を執る機会を失わせる一因になった」等の理由で損害額の過失相殺をした。これに対し最高裁は、「精神的健康（いわゆるメンタルヘルス）に関する情報は、労働者にとって、自己のプライバシーに属する情報であり、人事考課等に影響しうる事柄として、通常は職場において知られることなく就労を継続しようとすることが想定される性質の情報であったといえる。使用者は、必ずしも労働者からの申告がなくても、その健康に関わる労働環境等に十分な注意を払うべき安全配慮義務を負っているところ、労働者にとって過重な業務が続く中でその体調の悪化が看取される場合には、上記のような情報については労働者本人からの積極的な申告が期待し難いことを前提とした上で、必要に応じてその業務を軽減するなど、労働者の心身の健康への配慮に努める必要がある」「（社員は）過重な業務が続く中で、体調が不良であることを（会社に）伝えて相当の日数の欠勤を繰り返し、業務の軽減の申し出をするなどしていたものであるから、（会社としては）そのような状態が過重な業務によって生じていることを認識しうる状況にあり、その状況の悪化を防ぐために、（社員の）業務の軽減をするなどの措置を執ることは可能であった」と

し、「(社員が神経科通院等の)情報を(会社に)申告しなかったことをもって
……過失相殺することはできない」と判示している。

　この判決は、要するに、メンタルヘルス情報の不申告があったからといっ
て、その他の状況から精神的不調を見て取ることができた場合には安全配慮義
務が軽減されるものではなく、業務軽減等の措置を講じるべき、というもので
ある。この判決をふまえると、社員の健康状態に関するきめ細かい確認、評価
が重要であり、そのためには、職場の上司による対応を軸としつつも、人事部
門からの確認、産業医の面談等の連携強化が必要となる。

　健康経営の観点から、またリモートワーク拡大等、業務環境の変化もあ
り、メンタルヘルス不調者の予兆把握の重要性が増している。この点、平成
27年12月から労働安全衛生法に基づく「ストレスチェック制度」が義務化さ
れており[30]、予兆把握のために、この制度を活用することも有効である。た
だし、社員に受検義務はなく、また、社員から申出がなければ医師による面
接指導の実施義務もないため、この制度には限界があることに留意が必要で
ある。

　さらに進んで、現在では、社員の勤怠データや健康診断データをもとにし
たビッグデータ解析技術により、メンタルヘルス不調者の予兆を検出するシ
ステムや、健康診断結果の予測を行うモデルがある。また、自分の生体デー
タ(心拍数、睡眠時間、消費カロリー等)を取得し、セルフケアに役立てるウ
エアラブルデバイス(身につける機器)があり、社員自身の健康管理意識を
高めるとともに、これを社員全体の健康保持・増進に役立てることも可能に
なりつつある。このようなデバイスは、職場の上司等の観察やコミュニケー
ションによる感知・情報収集の限界を埋めるものとして有効かもしれない
が、個人情報保護の観点から慎重な取扱いが必須であり、また、把握した予
兆、予測に基づきどれだけ的確な健康管理策を講じることができるかが肝心
である。今後さらなる検討が必要であろう。

30　常時50人未満の事業場は努力義務(助成制度あり)。

新型コロナウイルス感染症の流行に伴い、感染症対策も重要な課題となっている。企業ごとの取組み方の差異が感染者数とどのような関係にあるか、現時点では正確なところはわからないが、毎日、社員にアプリを使った健康状況の申告を求め、少しでも懸念があれば産業医に受診させたり、勤務免除したりするといった対応をしている企業では、感染者数が相対的に低い結果になっているように思われる。このような地道ではあるが丁寧かつ積極的な取組みが、働く安心感や社員エンゲージメント向上の観点からも重要になっている。

第 4 章

3つの課題実現のための
人事部門の体制・役割

4.1 人事部門の ミッション・ビジョン設定

　ここまで、企業価値を高めるための組織・人事の考え方と実践方法をみてきたが、企業の人事部門はどうあるべきであろうか。

　企業全体として人材マネジメントシステムを効果的に回していくためには、一義的には、1線の各組織単位のオーナーシップが重要であるが、これとあわせて、人事部門と各組織単位の間の信頼関係と円滑な連携・協働関係を構築し、「人的リスク」を適切に管理し、各組織単位の状況とニーズに応じて適切に支援する体制が求められる。

　この信頼関係・協働関係をつくるためには、経営や各組織から人事部門に対するニーズを把握したうえで、人事部門の「ミッション（存在意義）」「ビジョン（目指す姿）」を設定するのが望ましい。その際には、お仕着せの文言ですますのではなく、部門内で十分議論し、議論を通じて人事スタッフがビジョンの実現に向けた「熱意」と「志」を共有することが重要である（図表4−1）。

図表4−1　人事部門のミッション・ビジョンの例

【ミッション（存在意義）】
経営のパートナーとして、社員一人ひとりが会社の成長と自分自身の成長、および社員相互の信頼と働く誇りを実感できる会社をつくる
【ビジョン（目指す姿）】
・経営ニーズに即応し、高い専門性とスキルを有する社員を確保・育成し、会社全体の人材力向上を最大限支援する人事部門
・社員の能力向上、キャリア開発、納得感のある評価・報酬等のニーズに対し、公正・公平、かつ質の高いサービスを提供することで、社員が高いエンゲージメント（会社への積極的帰属意識）で活き活きと働く環境整備に貢献する人事部門

4.2 人事部門の組織・役割分担

　以上のようなミッション・ビジョンのもと、人事部門が効果的・効率的に機能を発揮し、戦略的な人材マネジメントを支援していくための組織体制と役割分担を設定する。その例として「機能並列モデル」「戦略的管理モデル」の２つがあるが、各企業において最適なモデルを検討する必要がある。

4.2.1　人事組織体制のモデル

(1)　機能並列モデル

　このモデルは、図表４−２のとおり、機能別に並列のチーム編成を行う方法である。

　筆者がはじめて人事部に配属された1990年代前半の国内の銀行では、人事部の最大のミッションは、割り切った言い方をすれば、「社内の役員候補の選抜」だったと思われる。そのミッションのもと最も重要な役割を担うのは「運用チーム」であり、運用チームの各担当者が100〜300名の社員一人ひとりの人柄、能力等を頭に入れ、全社的な人事異動を組成し、人事評価の全社的な調整も行い、抽出された役員候補については、その育成トラックとされた複数部署を異動させていく、といった運用を行っていた。例をあげれば、典型的には、企業内労働組合の委員長が人事運用チームの責任者になり、その後、別の部署をいったん経験して人事部長になり、経営企画部長になり、役員になって、なかには頭取（社長）になる、というケースも珍しくなかったはずである。当時は、社内の各業務も今日に比べれば同質的であったこともあり、「メンバーシップ型」の人事運用のなかで、ゼネラリストで構成された人事部が絶大な人事権をもって全社横断的に差配していた時代であっ

図表4－2　機能並列モデル（国内金融機関の例）

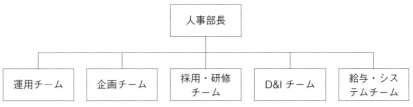

チーム（セクション）	役割概要
運用チーム	・担当部門の人事関連窓口 ・人事異動案、評価・昇給・昇格案の作成・調整 ・社員面談を実施し、人事情報を蓄積 ・中途採用の全体管理、採用面接 ・入社・退職時の社員サポート ・ハラスメント等労務案件対応 ・賞罰対応
企画チーム	・評価・報酬等の人事制度、福利厚生制度立案 ・就業規則制定・改廃 ・評価・昇給・昇格・賞与等の運営ルール策定 ・要員計画・人件費計画の立案・進捗管理 ・労働時間管理ルール、ワークライフ・バランス対策立案 ・労働組合（ある場合）との交渉窓口 ・労基署対応窓口 ・人事部門内全体調整
採用・研修チーム	・人事部門主催研修の企画・運営 ・新卒採用
ダイバーシティ＆インクルージョンチーム	・ダイバーシティ＆インクルージョン促進策の企画・運営
給与・システムチーム	・給与・賞与・退職金・年金・福利厚生関係事務 ・人事関連手続照会窓口 ・人事システム設計・保守管理

た。その後、業務の多様化・高度化が進み、人事部がすべてを把握すること
がむずかしくなってくると、人事権の所在が各部門にシフトしていく流れに
なり、以前ほどの「強い」人事部ではなくなってきている、というのがここ
数年の状況と思われる。人事部のメンバーについては、その後も、ローテー
ション人事の一環として、一定期間人事部に異動になった経緯の社員がほと

図表4−3　外資系金融機関のチーム編成例

んどを占め、人事領域にコミットして仕事している社員は例外的、という状況（「メンバーシップ型」）にそれほど大きな変わりはなく、人事の「プロフェッショナル人材」は生まれにくい環境にあると思われる。また、国内の銀行や証券会社では、最近、必要に応じ、人事担当者を社外から中途採用するケース（「ジョブ型」）も見受けられるが、筆者が見聞きする限りでは、その定着率は必ずしも高くない状況にある。

　これに対し、外資系金融機関では、図表4−3のようなチーム編成がみられる。

　なお、モビリティチームといって、アメリカ等に本社がある外資系金融機関等、海外拠点間の人事異動が頻繁にある会社において設置され、派遣先勤務期間中の給与・税金の調整等、専門的な業務を担う専担部署もある。

　採用関連の事務、給与支払・福利厚生関係の事務・照会対応、あるいは人事システムについてはアウトソーシングしている企業も多い。また、人事システム担当については、人事部門内ではなく、システム部門に置いている企業もある。

　一口に外資系金融機関といってもいろいろなケースがあるが、外資系投資銀行についていえば、人事権は各部門にあり、人事部門は、これもまた割り切った言い方になるが、少なくとも1990年代後半はアドミニストレーター的存在であった。すなわち、各種手続処理、海外本社から提供されるポリシーや研修プログラム等の導入・実施、パフォーマンス・マネジメントの対象者とのコミュニケーション役といった役割のウェイトが大きかったように思わ

れる。長年人事業務を専門にやっているメンバー主体であり（いまの言葉で
いえば「ジョブ型」）、表面的には、次に述べる「戦略的管理モデル」と同様
のチーム編成だったようにもみえるが、全社戦略、部門戦略推進の「パート
ナー」という意識や実際の役割発揮はそれほど大きくなかったように思われ
る。

⑵　戦略的管理モデル

　戦略的管理モデルは、もともと、ミシガン大学のディビッド・ウルリッチ
教授が提唱した考え方に基づくものであり、人事組織の機能を図表４−４記
載の３つに分け、それぞれの専門性向上と、相互連携によるサービスの高度
化を図ろうとするものである[1]。
　「ビジネスパートナー」は、社内の各組織単位やそこで働く社員個々人、

図表４−４　戦略的管理モデル

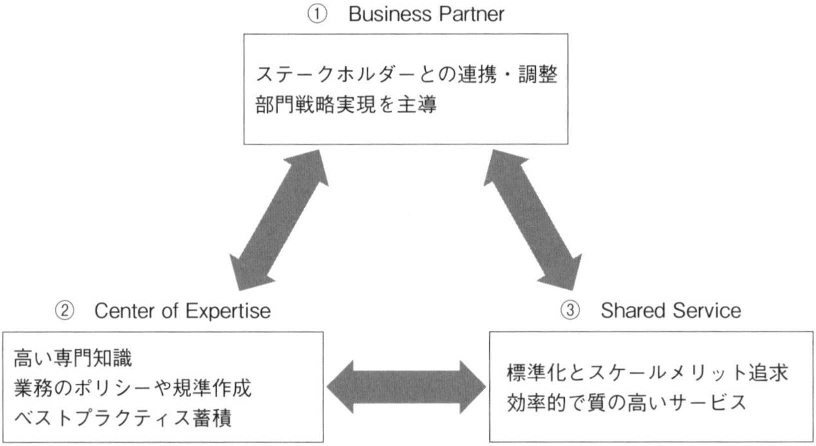

①　Business Partner

ステークホルダーとの連携・調整
部門戦略実現を主導

②　Center of Expertise

高い専門知識
業務のポリシーや規準作成
ベストプラクティス蓄積

③　Shared Service

標準化とスケールメリット追求
効率的で質の高いサービス

①　ビジネスパートナー（Business Partner）
②　専門プロダクト／サービス提供機能（Center of Expertise：CoE）
③　集約的サービス提供機能（Shared Service：シェアード・サービス）

1　「人事大変革」ディブ・ウルリッチほか（生産性出版、平成22年4月）参照。

あるいはその他関係するステークホルダーとの連携・調整を担い、企業全体の戦略との整合性を図りつつ、各組織単位の戦略実現に向けて積極的な支援を行う存在である。

「専門プロダクト／サービス提供機能（Center of Expertise：CoE）」は、Recruiting & Staffing（採用・配置）、OD（Organization & Development：組織開発）、C&B（Compensation & Benefits：報酬・福利厚生）からなる。これらの機能は、それぞれの高い専門知識に基づき、ベストプラクティスを蓄積し、ポリシーや規準を定めたり、各組織単位で必要とする専門的な情報・サービスをビジネスパートナーに供給したりする。ビジネスパートナーは、それを各組織単位に提供する役割を担う。

「集約的サービス提供機能（Shared Service）」は、給与支払の事務処理等、標準化とスケールメリットを追求できる業務に関して質の高いサービスを効率的に提供する。

4.2.2　企業価値を高めるための人事部門の役割

ビジネスパートナーの役割

ここまで、いろいろなモデルを説明してきたが、企業価値向上を目指す「プロフェッショナル人材」の育成・確保の観点から、事業戦略と整合性のある人材マネジメントサイクルを展開するため、人事部門は、各組織単位の戦略と現状の課題、組織風土、社員のエンゲージメント状況等をできるだけ詳細に丁寧に把握する必要がある。この役割を果たす存在として、人事ビジネスパートナーの十分な機能発揮が期待される。ビジネスパートナーは、担当組織単位の責任者（部門長）、マネージャー、その他社員個々人のまさに「パートナー」として相談相手となり、組織・人事に係る問題を把握し、改善提案や支援を行う。また、各組織単位を担当するビジネスパートナーが相互に情報共有、あるいは連携し、あるいはCoEやシェアード・サービスと緊密に連携することで、企業全体の戦略実現を支援する役割を担う。

ビジネスパートナーにはこのような役割が期待されるので、人事に関する

知識のみならず、企業全体、および担当する組織単位の経営環境・戦略・組織、ビジネスについての理解が十分であることが必要条件となる。

企業価値を高めるための取組課題、人材マネジメントシステムに期待される機能として「人的リスクの適切な管理」を掲げた（20頁参照）が、人事部門のビジネスパートナーが、1線の各組織単位における人的リスクの状況とそのリスク管理の状況をタイムリーに把握する窓口（リエゾン）であり、必要に応じて適切な対応を行う2線管理の主体となる。ビジネスパートナーには、1線、2線の人的リスク管理の協働・牽制関係を構築する要として、十分な機能発揮が期待される。

ただし、実際には、以上述べた役割を果たしうるビジネスパートナーを十分に確保できている企業はそれほど多くないと思われる。今後、人事ビジネスパートナーの「プロフェッショナル人材」をいかに育成・確保していけるかが、人事部門にとどまらず、企業全体の観点から大きな課題になっていると考えている。

CoEの役割

CoEは、「採用・異動・教育・評価・処遇」の5大機能を含め、人材マネジメントシステムにかかわるすべての事項について、必要なポリシー、ガイドライン等を策定するほか、関係部署や社員等に提供する人事関連サービスの企画・立案を行う。また、業界内外の専門的な情報をアップデートするとともに、ビジネスパートナー等を通じて収集した社員の意見やフィードバックもふまえ、ベストプラクティスを蓄積し、人事関連サービスのさらなる高度化・改善を図る役割を担う（図表4－5）。

戦略的人事を目指すための情報収集とPDCA

ビジネスパートナーは、CoEと連携して担当する組織単位に対し各種の人事関連サービスを提供する役割を担うが、その役割を果たすためには、まず、その組織単位における組織運営や社員のエンゲージメント等がどのような状況にあるか、また、「人的リスク」がどのような状況にあるかを把握する必要がある。この状況把握が、人材マネジメント支援の出発点であり、カギとなる。

図表4－5　ビジネスパートナーとCoEの職務概要

カテゴリー	ビジネスパートナーの職務概要	CoEの職務概要
採用・配置	R&Sチームの協力のもと、以下の運営につき部門長／ビジネスヘッドをサポート ・ヘッドカウント計画・スタッフィング計画を部門長／ビジネスヘッドと協議し、計画のドラフトを作成 ・職務記述書（Job Description）の作成 ・スタッフィングニーズの把握、環境変化に応じ見直し提案 ・候補者発見のサポート、書類選考 ・採用面接を行い、部門の採用面接結果とあわせ、部門長／ビジネスヘッドに対し合否決定のアドバイス ・オファー案検討 ・入社時サポート ・異動プランの検討、関係各部署間の調整 ・リテンション策作成・提案 ・退職面談を実施し、問題点抽出と改善策提案	〈Recruiting & Staffingチーム〉 ・採用マーケティング・ブランディング施策の企画立案・実施 ・ヘッドカウントの計画と状況管理を全社横断的に行う ・職務記述書の一貫性を確保するためのレビュー ・採用エージェントとのコンタクト、管理 ・面接調整 ・オファーレター作成 ・ジョブポスティング（社内公募）の管理 ・身元調査の管理 ・異動のアナウンス ・海外赴任者管理
教育・評価	ODチームの協力のもと、以下の運営につき部門長／ビジネスヘッドをサポート ・部門の教育・研修ニーズを把握しプログラムを企画	〈ODチーム〉 ・研修計画・予算・スケジュール作成 ・目標設定、人事評価等定期的研修実施 ・研修プロバイダーとの交

		渉
	・新規ニーズをODチームに共有 ・研修効果の評価 ・目標設定、人事評価、360度サーベイ、タレント・レビュー ・Aクラス人材の開発プランの作成 ・ローパフォーマーを把握し、PIP（Performance Improvement Program）を計画・実施	・タレント・レビューの枠組み立案、全社的実施管理 ・PIPの枠組み立案、全社的実施管理
処遇	C&Bチームの協力のもと、以下の運営につき部門長／ビジネスヘッドをサポート ・採用時のオファー条件作成 ・年度末の評価、ベースサラリー（基本給）のレビュー（昇給検討）、および賞与金額案の作成に関する部門長／ビジネスヘッドに対するサポート ・年度途中の昇格とそれに伴う給与見直しについての部門長／ビジネスヘッドをサポート ・アワードの導入・実施。アワード対象者選定サポート ・勤務時間管理（労働法令の遵守）等のサポート	〈C&Bチーム〉 ・報酬制度の立案 ・報酬のマーケットサーベイ実施 ・マーケットサーベイに基づく給与レンジの見直し ・個別報酬案の作成 ・部門別の昇給案や賞与金額案の調整と取りまとめ ・人件費予算の作成、進捗モニタリング ・就業規則作成・変更
社員のキャリア支援、モチベーション対策、D&I等	・キャリア相談等、カウンセリング実施 ・社員意識調査結果をふまえた組織課題の分析、アクションプランの作成・	・左記項目に応じて担当チームがサポート

| | 実施サポート
・メンタルヘルス対応
・ハラスメント案件等対応
・ダイバーシティ＆インクルージョン促進施策のサポート
・残業問題対応、ワークライフバランス改善提案 | |

　的確な状況把握のためには、各組織単位の責任者（部門長）だけでなく、その組織のスタッフに直接インタビューするのが効果的である。スタッフ全員、あるいはできるだけ多くのスタッフと面談するのが望ましいが、場合によっては、各階層にわたり、数名ランダムに選ぶという方法もあろう。

　各組織単位の運営状況を把握するため着目すべき組織運営の要素と観点、および、それぞれの観点について、部門長やスタッフに対する質問例をあげたので参考にしてほしい（図表4-6）。

図表4-6　組織運営状況を把握するための質問例

組織運営の要素	組織運営状況を把握するための観点	部門長／ビジネスヘッドや部門のスタッフへの質問例
目指す将来像	・ビジネスの将来像がスタッフ間に共有されているか	・3年後あるいは5年後、部門はどういう状態（あるいは業界内ポジション、順位等）を目指していますか
ビジネス戦略	・ビジネス戦略が、一貫性をもってスタッフに浸透・共有されているか	・部門の戦略を簡単に説明してください ・中長期計画・年度計画における、あなたの部署の重点施策を説明してください
競争環境	・競争環境の変化がスタッフ間に共有されているか	・部門にとって大きな環境変化は何ですか
現状と課題、変革の必要性	・将来像に対する現状と課題がスタッフ間に共有されているか ・ビジネス戦略遂行上のリスクや障害が把握・対応されているか ・変革は必要か、必要性はどこに	・目指す将来像に対し、現在はどこまで進んでいますか ・目指す将来像と現状のギャップはどこにあると思いますか。そのギャップを埋めるために、何

		あるか	・が必要ですか
			・部門にとってのリスクや障害は何ですか。それにどう対応していますか
			・変革の必要性についてどう考えていますか
部門マネジメント・組織風土・人的リスク		・部門長／ビジネスヘッド等のリーダーシップスタイル・マネジメントスタイルはどうか ・部門の組織風土はどうか ・人的リスクの端緒はないか	・部門長／ビジネスヘッドやマネージャーは、どのようなスタイルの部門運営を行っていますか（上意下達型か、ボトムアップ型か等）。変えてほしいところはありますか ・部門の組織風土はどのような状況ですか。どのような状況が望ましいですか。そのためには何が必要だと思いますか ・マネジメントスタイル・組織風土と退職動向の関係をどうみていますか ・職場の人間関係や、マネジメントに対する不平・不満の声はありませんか
組織体制		・部門内の組織体制（レポーティングライン、部署間の役割分担）は業務運営上、効果的・効率的か	・お客さまや他部門との円滑な関係を構築・維持する観点から、役割分担やレポーティングラインの面で支障はありませんか ・部門内の役割分担やレポーティングラインのあり方について、変えたほうがよい点はありますか ・権限委譲はされていますか
チームワーク・連携		・部門内のチームワーク・連携はうまくいっているか	・部署間の連携が必要となるのはどういう場面ですか。その連携はうまくいっていますか ・部署間で利害が対立するようなことはありますか。そのとき、どのように解決していますか
業務プロセス		・意思決定は迅速に行われているか ・事務処理は迅速・正確に行われているか	・意思決定は迅速にされていますか。何か支障がありますか ・事務処理は迅速・正確に行われていますか。何か支障がありま

	・情報共有は円滑に行われているか ・業績管理は円滑に行われているか	すか ・お客さまに対するサービス提供のスピード・質に関して何か問題はありますか ・業務遂行のために必要な情報はきちんと共有されていますか ・業務プロセスについて、効率化できる部分はありますか ・業績（KPI等）管理はどのように行われていますか
人材確保・人材育成	・部門の戦略遂行に必要な人材が確保されているか ・人材の育成状況はどうか	・今後、どのような人材が何人必要となりますか。現状、どういう人材が不足していますか ・人材育成について、どのように取り組まれていますか。スタッフの満足度はどうですか。何が必要ですか ・スタッフの育成・キャリア開発のため、他部門との異動・ローテーションを行いますか
目標管理・報奨	・スタッフ個々人の目標管理・フィードバックは丁寧に行われているか ・高いパフォーマンスやよい取組みが認知・報奨されているか	・個々人は自分自身の目標をきちんと理解していますか。進捗や改善について上司から適時に、かつ具体的なフィードバックがされていますか ・高いパフォーマンスやよい取組みを行ったスタッフは、部門内で認知・報奨されていますか

各組織単位内の人事担当者配置

　以上のモデルに対し、各組織単位のなかに人事ビジネスパートナーを置き、部門長に対し直接的に支援を行う方法もある。

　この方法のメリットは、部門長の近くで仕事をするので、その部門の戦略や運営状況をより直接的に把握できる点にある。一方、デメリットは以下のとおり。

①　人事のCoEとの連携については距離感が生まれがちになる。

②　部門長直属の部下であり、部門長にモノが言いにくく、牽制が利きにくい。

また、留意点は以下のとおり。

①　部門内人事ビジネスパートナーと人事部門との役割分担を明確化しておかないと、リソースの無駄遣いになり非効率。

②　人事部門長と部門長双方に対するレポーティングラインを明確化しておかないと、双方の方針が対立したときに支障が生じるおそれがある。

以上のとおり、部門内に人事ビジネスパートナーを置く場合には、役割やレポーティングラインを明確化しておく必要がある。

人事部門との連携体制という意味では、人事部門にビジネスパートナーを置くとともに、各部門側にも、部門内の人事関連の情報を取りまとめ、人事部門との間の窓口となる担当者を置く選択肢もあり、検討に値するであろう。

4.3 人事部門の運営方針・業務計画

　以上述べたとおり、今後目指すべき人事部門のあり方として「戦略的管理モデル」が有力候補になると思われるが、その方向で進める場合、基本的には、ビジネス戦略を展開する各部門が採用・異動・教育・評価・処遇（人事の5大機能）全般を通じた人事権の主体となり、人事部門は各部門をサポートし、必要に応じ全社的な観点から調整を行う役割を担うこととなる。

　ここまで説明してきた人材マネジメントシステムと人事の5大機能、人事部門の組織・役割分担等を前提として、当面3～5年間程度の中長期の業務計画・運営方針および年間の業務計画を立案するとすれば、以下に示すような項目が並ぶことになろう。この例は、かなり総花的な記載となっており、実際には、各企業の実態に応じて優先順位をつけ、詳細なスケジュール等の計画立案が必要となる。

4.3.1　人事部門のミッション（再掲）

　経営のパートナーとして、社員一人ひとりが会社の成長と自分自身の成長、および社員相互の信頼と働く誇りを実感的できる会社をつくる。

4.3.2　ビジョン・3年後までに目指す姿（再掲）

＊経営ニーズに即応し、高い専門性とスキルを有する社員を確保・育成し、会社全体の人材力向上を最大限支援する人事部門
＊社員の能力向上、キャリア開発、納得感のある評価・報酬等のニーズに対し、公正・公平、かつ質の高いサービスを提供することで、社員が高いエンゲージメント（会社への積極的帰属意識）で活き活きと働く環境整備に貢

4.3.3　主要施策

　人材力の底上げと適材適所、人件費効率化、人的リスク管理態勢の強化を中心テーマとして、以下の施策に取り組む。

　①　**人員・人件費計画**

＊今後3年間のビジネス戦略・業務計画必達に向け、戦略分野を中心とする「あるべき」人材ポートフォリオを設定し、「人材補充計画」を具体化する。

＊人件費については、3年間で○億円の削減を目指す。

　②　**採　　用**

　主に「戦略分野の強化」と「人員構成の是正」のため、以下の取組みを行う。

＊年間○人の新卒採用を継続的に行い、「メンターシップ・プログラム」の導入や、教育プログラムの見直しにより、育成と定着強化を図る。

＊学生マーケットでの強力なブランドを構築する。

＊30歳半ばまでの中途採用を年間○人実施して当該層の社員数を増やし、部門間の積極的な人材交流が可能となる人員構成を目指す。

＊専門領域の中途採用について、部門人事と連携し、専門領域ごとに最も有効な採用ルートを開拓する。

　③　**異動・配置**

　「戦略分野の強化」のための適材適所、「キャリア形成支援」に焦点を当て、以下の取組みを行う。

＊具体化した「人材補充計画」に基づき、戦略分野の人材拡充のため、部門間の計画的なローテーションを実施する。

＊ジョブ・ポスティングや自己申告制度、上司のキャリア面談等を通じ、一人ひとりの社員の希望に最大限配慮した異動・配置を行う。

＊40代半ば以降の社員を対象としたセカンドキャリア支援策を導入する。

＊社内兼業制度を創設する。

＊キャリアコンサルティング室を設置し、社員のキャリアに関する個別相談を受ける体制をつくる。

④　教育・研修

　「人材育成強化」「次世代の部課長候補者育成」「業務効率化」「社内コミュニケーション活性化」を目的として、以下の取組みを行う。

＊パルス・サーベイと部課長を対象とする360度サーベイ、部課長に対するコーチング研修を定期的に実施し、よりよいマネジメントに向けた気づきの機会を提供する。

＊上司・部下間の目標進捗のレビューの際に、あわせて能力開発に関するアドバイスも行うプロセスを導入する。

＊次世代リーダーを育成するための「コア・リーダー育成プログラム」を導入する。

＊会社全体の全社員必修の研修として、業務効率化のための「タイムマネジメントスキル」研修、および、会議等におけるコミュニケーション活性化、マネジメントスキルの強化を目指し「ファシリテーションスキル」研修を実施する。

＊社内講師を募集し、公募制研修を実施する。

⑤　評　　価

　成果に至るプロセス・マネジメントスキル・人材育成重視を明確にし、かつ、より納得感のある評価制度とするため、以下の取組みを行う。

＊目標管理制度を改定し、進捗のレビューを3カ月に1度実施し、成果を出すに至った取組み・プロセスを評価に反映する仕組みを導入する。

＊部課長に対する「目標設定研修」「評価研修」を各年1回実施する。

＊「昇格可能性評価」を導入し、昇格・異動に参考とするほか、次世代候補者の選定基準とする。

＊部課長については、「人材育成」の評価が一定以上の評価ランクを継続することを必要要件とし、未達だった場合にはポストオフの対象とする制度に変更する。

⑥　タレントマネジメント

「次世代候補者の発掘」のためのインフラと基礎データを整備するため、以下の取組みを行う。

＊年次評価の結果や上司・部下間のキャリア面談結果に基づく「人材データベース」を拡充し、「次世代候補者」の選定や異動組成に活用する。

＊全社員の職業適性や職務遂行能力のプロファイリングを実施し、上司の日常的なマネジメントツールとして活用するほか、人材発掘のための参考情報としても活用する。

⑦　処　　遇

社員の職責・役割と業績に応じた処遇のメリハリを拡大するため、以下の取組みを行う。

＊管理職層を対象として、職務価値の大小を反映し、異動時に給与を変更するほか、評価結果に応じてメリハリある昇降給を行う給与制度に変更する。賞与についても、評価結果に応じたメリハリを拡大する。

＊60歳定年再雇用後の契約社員について、専門領域で定年までに培ったスキル経験が特に高い場合、一般社員と同じ報酬体系を適用する「特別契約社員制度」を創設する。

⑧　ダイバーシティ＆インクルージョン、ワークライフ・バランス

＊多様な人材の活躍を推進し、多様性に基づく新しい価値創造を支援する活動を展開する。

＊女性活躍推進、ESG活動ネットワークをプロモートし、ロールモデルとなる社員に対するアワード制度を創設する。

＊在宅勤務の拡大、コアタイムのないフレックスタイム制度の導入、育児休業中の会社情報提供の拡充等、育児・介護等との両立支援策を拡充する。

＊LGBT理解促進等のイベントを実施するほか、アンコンシャス・バイアス研修を全国展開する。

⑨　健康管理

＊産業医等、社内保健スタッフと連携し、健康診断とストレスチェックの結果に基づく予兆把握・疾病予防体制の構築、病気休職期間中の相談体制・

感染症対応体制を強化する。

＊在宅勤務者の勤務状況に関するモニタリングの強化等、長時間労働削減策を強化する。

＊ハラスメント防止、メンタルヘルス対応についての部課長向け研修を実施するほか、個別事案の相談・対応体制を強化する。

⑩　**人事部門の体制整備**

＊人事部門に各部門を担当するビジネスパートナーを○名設置し、各部門の人事マターにつき部門トップを支援し、人的リスクの予防・回避、問題事象の解決に向けた活動体制を構築する。

参 考 文 献

序論 「ジョブ型雇用への転換」議論の本質

「三菱ケミが希望退職　管理職2900人対象募集」（朝日新聞、令和2年11月5日）

「『ジョブ型』は成果主義じゃない（広がりどうみる──名付け親・濱口桂一郎さんに聞く）」（朝日新聞、令和2年12月7日）

「ジョブ型雇用と日本社会　専門性とスキルの尊重を」（日本経済新聞、令和2年12月7日）

「富士通、『ジョブ型』人事制度を導入　幹部社員から　高度IT人材、年収2500万～3500万円想定」（日本経済新聞、電子版令和2年5月9日）

「日立『ジョブ型』」雇用へ転換」（日本経済新聞、令和2年5月27日）

「『ジョブ型』雇用成功の条件」（日本経済新聞、令和2年7月22日）

第1章　企業価値を高めるための取組課題と組織能力の再構築

【本文中で直接参照した文献・資料】
◆1.1　企業価値を高めるための3つの取組課題

「戦略経営バイブル」高橋宏誠（PHP、平成22年）

「平成27年版労働経済白書」厚生労働省

「3つのディフェンスライン全体でのCOSOの活用」日本内部監査協会（月刊監査研究、平成27年10月号）

「2018 GLOBAL SUSTAINABLE INVESTMENT REVIEW」世界持続可能投資連合（GSIA）

「女性生かす企業に高評価　業績との相関投資家注目」（日本経済新聞、令和2年7月20日）

「令和元年なでしこ銘柄」経済産業省・東京証券取引所（令和2年3月）

「健康経営について」経済産業省ヘルスケア産業課（令和2年4月）

◆1.2　3つの課題に取り組むための組織能力の再構築

「ICTによる経済成長加速に向けた課題と解決方法に関する調査研究報告書」総務省情報通信国際戦略局（平成26年3月）

「ティール組織：マネジメントの常識を覆す次世代型組織の出現」フレデリック・ラルー（英治出版、平成30年）

「コンプライアンス・リスク管理に関する検査・監督の考え方と進め方（コンプライアンス・リスク管理基本方針）」金融庁（平成30年10月）

【その他の参考文献】

「経営戦略とコーポレートファイナンス」砂川伸幸ほか（日本経済新聞出版、平成25年）

「平成30年版労働経済白書」厚生労働省

「組織設計概論 戦略的組織制度の理論と実際」波頭亮（産業能率大学出版部、1999年）
「100年企業もフラット組織」（日本経済新聞、令和2年10月16日）

第2章　第一の取組課題─「戦略的人材ポートフォリオ実現」のための必要条件─

【本文中で直接参照した文献・資料】

◆2.2　人材ポートフォリオ設定・運用の枠組み

「多様な就業形態と人材ポートフォリオに関する実態調査」労働政策研究・研修機構（平成26年12月）

「『人材ポートフォリオ』をとにかくわかりやすく解説！〜設計手順も紹介〜」米田彩香（人事ZINE）https://jinji-zine.jp/human-resources-portfolio/

「HRテクノロジーで人事が変わる：AI時代における人事のデータ分析・活用と法的リスク」（労務行政、平成30年9月）

◆2.3　働きやすさとエンゲージメントの向上

「令和元年版労働経済白書」厚生労働省

「学習する組織　現場に変化のタネをまく」高間邦男（光文社文庫、平成17年）

「エンゲージメント経営」柴田彰（日本能率協会マネジメントセンター、平成30年）

「AIと雇用」山本勲（「経済教室」日本経済新聞、令和元年7月4日）

RMS Message vol.57（リクルートマネジメントソリューションズ、令和2年2月）

第3章　人材マネジメントの思考と実践

【本文中で直接参照した文献・資料】

◆3.3　ウィズ・コロナ、ポスト・コロナの人材マネジメントの方向感

「『新常態』の課題　新興が解決」（日本経済新聞、令和2年6月1日）

◆3.4　人事の5大機能の思考と実践

「HRテクノロジーで人事が変わる」（労務行政、平成30年9年）

「武田、社内業務掛け持ち」（日本経済新聞、令和2年6月1日）

「IHI、8000人の副業解禁」（日本経済新聞、令和3年1月21日）

「最強組織の法則：新時代のチームワークとは何か」ピーター・センゲ（徳間書店、平成7年）

「データ・ドリブン人事戦略：データ主導の人事機能を組織経営に活かす」バーナード・マー（日本能率協会マネジメントセンター、令和元年6月）

「特集　人事評価なんてもういらない」リクルートワークス研究所　Works No.138

「本気でゴールを達成したい人とチームのためのOKR」奥田和弘（ディスカヴァー・トゥエンティワン、平成31年4月）

「『攻めの経営』を促す役員報酬〜企業の持続的成長のためのインセンティブプラン導入の手引〜」経済産業省（平成31年3月）

「第16回日本的雇用・人事の変容に関する調査」日本生産性本部（令和元年5月）

「高年齢者の雇用状況」厚生労働省（令和2年）

「高年齢者の雇用に関する調査」労働政策研究・研修機構（令和2年3月）

「基幹人材も転勤なしに　AIG、希望の勤務地選択」（日本経済新聞、令和2年6月9日）

「賃金構造基本統計調査」厚生労働省（令和元年）

「労働力調査」総務省（令和元年）

「男女共同参画白書」内閣府（令和2年）

【厚生労働省の通達・指針】

「副業・兼業の促進の促進に関するガイドライン令和2年9月1日改定版」（厚生労働省）

「事業場における治療と仕事の両立支援のためのガイドライン」（厚生労働省、平成31年3月改訂版）

「短時間・有期雇用労働者及び派遣労働者に対する不合理な待遇の禁止等に関する指針（同一労働同一賃金ガイドライン）」（平成30年12月28日）

「高年齢者雇用確保措置の実施及び運用に関する指針」（平成24年11月9日）

「労働契約法施行通達」（平成24年8月10日）

「労働時間の適正な把握のために使用者が講ずべき措置に関するガイドライン」（平成29年1月20日）

「情報通信技術を利用した事業場外勤務の適切な導入及び実施のためのガイドライン」（平成30年2月22日）

「情報機器作業における労働衛生管理のためのガイドライン」（令和元年7月12日）

「事業主が職場における性的な言動に起因する問題に関して雇用管理上講ずべき措置についての指針」（平成18年10月11日）

「事業主が職場における優越的な関係を背景とした言動に起因する問題に関して雇用管理上講ずべき措置等についての指針」（令和2年1月15日）

「事業場における労働者の健康保持増進のための指針」厚生労働省（令和2年4月1日改正）

【その他の参考文献】

「従業員エンゲージメント」（DIAMONDハーバード・ビジネス・レビュー、令和元年11月号）

「コンピテンシー・マネジメントの展開──導入・構築・活用」ライル・M・スペンサーほか（生産性出版、2001年）

「職場における心の健康づくり」厚生労働省・労働者健康安全機構

「心の健康問題により休業した労働者の職場復帰支援の手引き」厚生労働省・中央労働災害防止協会

【裁判例】

◆3.4　人事の5大機能の思考と実践

・3.4.2　配置・異動

216

東亜ペイント事件　最高裁第二小法廷昭和61年7月14日判決
一般財団法人あんしん財団事件　東京地裁平成30年2月26日判決
・3.4.5　評価を軸にした人材発掘・育成、パフォーマンス・マネジメント
コンチネンタル・オートモーティブ事件　東京高裁平成28年7月7日決定
ブルームバーグ・エル・ピー事件　東京高裁平成25年4月24日判決
クレディ・スイス（休職命令）事件　東京地裁平成24年1月23日判決
日本アイ・ビー・エム（退職勧奨）事件　東京高裁平成24年10月31日判決
・3.4.6　処　　遇
給与制度
　九州総菜事件　福岡高裁平成29年9月7日判決（最高裁第一小法廷平成30年3月
　　1日決定）
　山梨県民信用組合事件　最高裁第二小法廷平成28年2月19日判決
　東京商工会議所事件　東京地裁平成29年5月8日判決
　ノイズ研究所事件　東京高裁平成18年6月22日判決
　ハクスイテック事件　大阪高裁平成13年8月30日判決
　エーシーニールセン・コーポレーション事件　東京地裁平成16年3月31日判決
　有限責任監査法人トーマツ事件　東京地裁平成30年10月18日判決
　L産業事件　東京地裁平成27年10月30日判決
　マッキャンエリクソン事件　東京高裁平成19年2月22日判決
　エルメスジャポン事件　東京地裁平成22年2月8日判決
　ハネウェルジャパン事件　東京高裁平成17年1月19日判決
　キョーイクソフト事件　東京高裁平成15年4月24日判決
ダイバーシティ経営と「同一労働同一賃金」
　ハマキョウレックス事件　最高裁第二小法廷平成30年6月1日判決
　メトロコマース事件　最高裁第三小法廷令和2年10月13日判決
　大阪医科薬科大学事件　最高裁第三小法廷令和2年10月13日判決
　日本郵便（時給制契約社員）事件　最高裁第一小法廷令和2年10月15日判決
　ヤマト運輸（賞与）事件　仙台地裁平成29年3月30日判決
　長澤運輸事件　最高裁第二小法廷平成30年6月1日判決
　アルパイン事件　東京地裁令和元年5月21日判決
　トヨタ自動車事件　名古屋高裁平成28年9月28日判決
・3.4.7　健康管理
電通事件　最高裁第二小法廷平成12年3月24日判決
東芝事件　最高裁第二小法廷平成26年3月24日判決

第4章　3つの課題実現のための人事部門の体制・役割

◆4.2　人事部門の組織・役割分担
「人事大変革」ディブ・ウルリッチほか（生産性出版、平成22年4月）

事 項 索 引

【著者略歴】

石田　雅彦（いしだ　まさひこ）

昭和61年3月東京大学法学部卒。日本長期信用銀行（現・新生銀行）を振り出しに、ウォーバーグ・ディロン・リード証券（現・UBS証券）、日本興業銀行／みずほコーポレート銀行（現・みずほ銀行）、GEエジソン生命保険／AIGエジソン生命保険（現・ジブラルタ生命保険）、アメリカン・インシュアランス・カンパニー／メットライフ生命保険、みずほ証券で通算約25年人事業務全般を経験。銀行では融資、不動産証券化、M&A等、通算約7年の営業経験も有する。エジソン生命で執行役員経営企画本部長兼人事部長、メットライフで執行役員人事担当。みずほ証券で業務監査部長、グローバル人事副ヘッド等を歴任。

令和3年1月、オリックス生命保険株式会社執行役員（人事・総務本部管掌）就任。

日本証券アナリスト協会検定会員（CMA）、社会保険労務士、国家資格キャリアコンサルタント、公認内部監査人（CIA）。

企業価値を高める組織・人材マネジメントの
思考と実践

2021年9月2日　第1刷発行

著　者　石　田　雅　彦
発行者　加　藤　一　浩

〒160-8520　東京都新宿区南元町19
発　行　所　一般社団法人 金融財政事情研究会
企画・制作・販売　株式会社きんざい
出 版 部　TEL 03(3355)2251　FAX 03(3357)7416
販売受付　TEL 03(3358)2891　FAX 03(3358)0037
URL https://www.kinzai.jp/

校正：株式会社友人社／印刷：株式会社太平印刷社

・本書の内容の一部あるいは全部を無断で複写・複製・転訳載すること、および
　磁気または光記録媒体、コンピュータネットワーク上等へ入力することは、法
　律で認められた場合を除き、著作者および出版社の権利の侵害となります。
・落丁・乱丁本はお取替えいたします。定価はカバーに表示してあります。

ISBN978-4-322-13966-2